大学生工作的创新与实践探究

李 雯 著

北京交通大学出版社

·北京·

内 容 简 介

新时代背景下，高校的各项管理制度创新也亟须因时而变。大学生管理工作繁杂且重要，关系到高校教学质量和人才培养计划，因此探索大学生管理工作具有重要意义。

本书从大学生管理工作的实际需求出发，首先对大学生管理工作的概念、特点、要求、原则及基础性进行了探究，让读者对此有个初步的认知；然后重点分析大学生管理工作内容，包括事务管理、对话管理及就业管理等内容；最后研究了大学生管理工作的体系创新及不同背景下的大学生管理工作创新。

本书对教育研究人员、管理人员有一定的参考价值。

图书在版编目（CIP）数据

大学生工作的创新与实践探究 / 李雯著 . -- 北京：北京交通大学出版社，2025.7.
ISBN 978 - 7 - 5121 - 5273 - 1

Ⅰ. G645.5

中国国家版本馆 CIP 数据核字第 2024KK1573 号

大学生工作的创新与实践探究
DAXUESHENG GONGZUO DE CHUANGXIN YU SHIJIAN TANJIU

策划编辑：张 亮　责任编辑：陈跃琴
出版发行：北京交通大学出版社　　电话：010-51686414　　http：//www.bjtup.com.cn
地　　址：北京市海淀区高梁桥斜街 44 号　　邮编：100044
印 刷 者：北京华宇信诺印刷有限公司
经　　销：全国新华书店
开　　本：185 mm×260 mm　　印张：10.50　　字数：233 千字
版 印 次：2025 年 7 月第 1 版　　2025 年 7 月第 1 次印刷
定　　价：48.00 元

本书如有质量问题，请向北京交通大学出版社质监组反映。对您的意见和批评，我们表示欢迎和感谢。
投诉电话：010 - 51686043，51686008；传真：010 - 62225406；E-mail：press@bjtu.edu.cn。

前　言

新时代，高校大学生管理工作处于一个开放、多元、变革的环境中。在经济全球化、文化多元化、社会信息化的背景下，随着高等教育向大众化趋势的发展，高校学生管理工作也发生了深刻的变化，在保证高校人才培养质量、规范大学教育管理秩序、培养社会主义事业合格建设者和可靠接班人等方面发挥着十分重要的作用。

大学生管理工作是高校管理工作的重要组成部分，它以培养具有创新精神和实践能力的高层次人才为目标，主要内容包括学生日常管理和学生思想政治工作。如何有效地开展这一工作，将完成人才培养使命与建立和谐社会目标相统一，是高校思想政治工作者要深入研究的课题。在移动互联网完成普及，互联网技术、大数据技术、数字化技术日益发展的背景下，高校运营管理工作迎来创新发展机遇的同时，也对大学生管理工作提出更高的要求。在大学生管理环节合理引入大数据技术，可以为大学生提供更加精准、高效的服务，有效落实高等院校以学生为本的管理理念，确保大学生管理工作呈现经济化发展、多元化发展、创新性发展趋势。

本书围绕大学生工作创新与实践展开论述。新时代背景下，高校的各项管理制度创新也亟须因时而变，大学生管理工作繁杂重要，关系到高校教学质量和人才培养计划，因此探索大学生管理工作具有重要意义。本书从大学生管理工作的实际需求出发，首先对大学生管理工作的概念、特点、要求、原则及基础性进行了探究，让读者对此有个初步的认知；然后重点分析了大学生管理工作的内容，包括事务管理、对话管理及就业管理等内容；最后研究了大学生管理工作的体系创新及不同背景下的大学生管理工作创新。

本书论述严谨，结构合理，条理清晰，内容丰富，对理论和实践进行梳理和总结，呈现大学生管理工作的研究成果，是全面翔实之作，具有一定的学术价值。本书在编写过程中参考了大量的文献资料，得到许多专家学者的指导和帮助，在此表示诚挚的谢意。

由于学术水平及客观条件限制，书中所涉及的内容难免有疏漏之处，希望读者能够积极批评指正，以便进一步修改。

作者

2025 年 5 月

目　录

第一章

大学生管理工作概述

第一节　大学生管理工作的概念与特点

一、大学生管理工作的概念

（一）管理的含义

在人类历史上很早就已经出现了"管理"这一概念。管理是一种社会现象，凡是有许多人一起共同劳动、学习、生活的地方就需要管理。

管理是社会组织中为了实现预期的目标以人为中心的协调活动。从这个阐述中可以看出"管理"作为一种社会活动与其他社会活动之间的本质区别，从而可以使我们能比较深刻地了解"管理"的科学含义。

（二）高校管理

高校管理是一种用人以治事的活动，只不过人的特点、事的性质与其他管理活动不同而已。高校中的"人"是有知识、有修养的教师群体和正在成长中的青年学生，高校中的"事"就是教育人、培养人，即把受教育者培养成德、智、体、美、劳等方面都得到发展的现代化建设者。从这个意义上说，高校管理就是用好教职工以完成教书育人的一种活动。

高校管理是高校管理者通过一定的机构和制度，采用一定的手段和方法，带领和引导师生员工，充分利用校内外的资源和条件，有效实现学校工作目标的组织活动。

（三）大学生管理

大学生管理工作一般是学生非学术性活动和课外活动的总称，具体包括思想政治教育、遵纪守法和行为规范教育、日常管理、学生社团管理、各种课外活动管理、文体活动管理、经费资助管理、帮困助学服务、学生心理卫生教育、健康医疗管理、就业指导与管理、学术支持等多个领域。学生管理工作与教学、科研工作一样，都是我国高等教育中不可或缺的有机组成部分。

学生管理工作是指高校对学生事务的计划、组织和领导，是一系列与学生相关的非学术性事务，包括生活辅导、课外活动、身体保健、就业指导、心理咨询、勤工助学、校园秩序、奖励与处分等事宜。大学生管理工作的最终目的是服务人才培养，帮助和促进学生个体全面发展。因此，与教学、科研、服务的有效整合，是当前大学生管理工作发展的重要方向。大学生管理的内涵应该包括教育、服务、管理三个方面。

1. 教育

大学生管理工作的内涵首先是教育，学生管理是高等教育的一部分，也是促进学生身心发展的社会化活动。所有形式的学生管理工作都必须带有一定的教育性，即需要对学生进行正面的思想政治教育，帮助学生树立正确的世界观、人生观、价值观，促进其具备健康的心理素质，引导其提升职业生涯规划与就业能力，塑造其优秀的人格品质和个性特征。

2. 服务

大学生管理工作可能涉及的一切方面，诸如学籍注册、资助活动、住宿管理、社区服务、职业规划、心理咨询、娱乐休闲、社团活动等，既属于管理工作，也更能体现出服务性。大学生管理工作的服务性，就是为大学生的成长、成才和发展提供必要的服务。

3. 管理

大学生管理工作有自己特定的目标，需要专业的技能和经验，要求科学地组织各种资源，因此它是一种特殊的管理行为。大学生管理工作关注的是学生的成才和发展，主要指对学生正常校园行为的管理，包括校园秩序维护、学生的学习环境管理与课外活动组织、学习效果评价与奖惩，以及学生班级、社团的领导与组织，学生活动的组织与协调等。

二、大学生管理对象

所谓管理对象，是指"管理活动的承受者"。随着人类认识的深化和管理的科学化、复杂化，不同时期、不同学派对管理持有不同的见解。一种见解认为管理对象是管理活动所作用的各种具体对象，最初是人、财、物三要素，增加时间、空间后成为五要素，后又增加了信息、事件成为七要素。另一种见解认为管理对象是管理活动所作用的特定系统，即把管理对象作为由多种因素组成的有机整体。系统与外界环境有信息、能量、物质交换。高校学生管理工作为高等学校管理工作的重要组成部分，其对应的管理对象无疑是指高校学生，从广义角度来看，这些学生应包括所有在高校求学的学生，即专科生、本科生、硕士生、博士生等。因为这些人都是高校学生管理活动的承受者。高校学生管理牵涉诸多知识体系，包括管理学、教育学、青年心理学、政治学、人才学等，因此高校学生管理是一门综合性、政策性很强的应用科学，它具有自己独特的研究对象，这个独特研究对象就是大学生管理活动本质的、内在的联系及其发展变化的规律。

高校学生管理工作作为高校管理的一个重要方面，同其他管理工作一样，都是以教育领域某一方面的特殊现象和规律作为研究对象的，它必然要受到教育领域总规律的支配与制约，因此，它又不同于其他类别的管理工作。我们只有既认识到高校学生管理工作与其他管理工作的密切联系，又认识到它与其他管理工作的不同特点，才能真正揭示高校学生管理工作本身所具有的特殊规律，使之成为一项具有特性并富有成效的管理工作。

三、大学生管理工作的特点

（一）专业性

新时期，大学生管理工作成为一项非常值得研究的工作，它有着独立的模式和科学体系，与社会其他领域相比较，它更为科学化与规范化。大学生管理以管理、服务、教育三位一体为特征，并以此来阐释教学、管理、学生之间的关系，以专业性的管理方式来维系校园秩序。因此，大学生管理工作的专业性显而易见。大学生管理工作的专业性必须体现在实际工作当中，才能把握时代脉搏、掌握学生动态、紧握管理环节，以全新的视角和模式开展大学生管理工作，针对问题及时解决，跟踪调查。当然，高校要想使大学生管理工作成为学生教育管理的主渠道，只在思想上重视还不够，一定要打破传统、更新理念，全面适应学生群体及环境特征。让大学生管理工作汲取更多的科学管理手段及方法，推进大学生管理工作全面走向专业化，使之成为教育传播的主体阵营。

（二）关联性

大学生管理工作不是高等教育范畴中的独立个体，而是与高校各项工作紧密相连的，是高等教育的重要组成部分，是高校教育成果的有力保障，在高校教育的各个环节中起着支撑作用。各高校都不可能实现单独的教育、教学；同样，高校也不能实现单纯的管理。因此，高校要使大学生管理工作成为教育、教学的推动者和维护者，使大学生在接受管理的同时得到较好的教育，获得良好的教学指导。

（三）多样性

大学生管理工作面对的学生群体多种多样，每个学生都有其独特性格、追求和背景。教育工作者需要针对不同学生制定不同的管理策略。

（四）综合性

大学生管理工作涉及多个方面，包括学业管理、行为管理、心理健康教育等。管理者需要综合考虑学生的学习、发展和行为，制定相应的计划和政策。

（五）全员参与

大学生管理不仅仅是管理者的责任，所有教职员工都需要参与其中。管理者需要发挥整合资源的作用，培养学生管理意识并推动全员参与。

（六）预防为主

大学生管理工作以预防为主，应尽早发现潜在问题并进行干预。通过开展心理健康教育、行为规范培养等活动，提前防止问题的发生。

四、高校学生管理的作用

（一）育人作用

高校学生管理是高校管理的重要方面，高校是人才培养的基地，高校管理是为培养人才服务的，高校学生管理更是直接针对大学生进行管理，这种管理与一般意义上的管理不一样，它不是单纯的管理，而是带有教育性质的服务，即不仅要通过管理促进高校的有效运行，而且要通过管理达到育人目的，使学生成为高校的合格"产品"。也就是说，高校学生管理是一种"管理育人"的管理，这种管理要与高校的教学、思想政治工作和心理健康教育等一系列工作有机结合起来，产生一种管理育人的效果，促使党的教育方针在高校真正得到落实。

（二）稳定作用

高校学生是一个特殊的社会群体，它们具有青年的特质：朝气蓬勃、充满激情、追求真理、关心时事；同时也有着青年固有的不足：容易冲动、易走极端、时有盲从、阅历较浅、情绪不如成年人稳定等。他们在法律上是完全民事行为能力人，但从某种意义上讲，他们在心理上却是准成年人。

与其他同龄人相比，他们掌握着更多的知识；但较之真正的知识分子，他们的知识又存在结构上的缺陷和知识量上的不足。这样一个大的群体居住在一起，各种矛盾冲突在所难免。因此，通过制定并实施符合学校实际的规章制度，引导大学生端正学习态度，明确学习目的，掌握正确的学习方法，养成良好的生活习惯；通过各种渠道和措施，使大学生建构良好的心理品质，形成稳定的情绪，从而保持学校的稳定，是高校学生管理的又一重要作用。

（三）增强大学生能力的作用

高校是培养人才的场所，因此高校学生管理应有培养学生的功能，应发挥增强学生能力的积极作用。例如，社会实践的管理，可以增强大学生的社会实践和社会活动能力；实验室的管理，可以增强大学生的动手能力；心理咨询可以提高大学生自我认识、自我调节的能力；大学生的党团活动可以提高大学生对党团的认识水平等。

第二节　大学生管理工作的要求与原则

一、大学生管理工作的要求

（一）工作主体"两"加强

1. 大学生管理工作主体职业化

职业是职场中的专门行业，是社会劳动中的分类。职业作为社会劳动的具体形式，是由特定的工作职责、职业能力和工作岗位构成的。职业的不同，实际上就是工作职责履行、职业能力发展和工作岗位任务完成的不同。从这个意义来看，大学生管理工作是一种专门的职业。大学生管理工作者的职责就是在全面贯彻党的教育方针，坚持社会主义办学方向，坚持育人为本、德育为先的原则的基础上，对学生成长成才和全面发展，尤其是对学生思想、政治、道德素质的提高，担负有教育、引导、管理、服务的责任。它体现了学生管理工作者队伍特定的工作目的。职业化指的是从业人员从事某种职业之后所具备的职业状态。事实上，我国大学生管理工作在 20 世纪 50 年代就已经出现了，经过这么多年的发展，这一工作不但没有因为时代的发展而弱化，反而日渐加强，这本身就是这一职业生命力的最好体现。大学生管理工作主体的职业化问题逐渐摆上议事日程，正是职业化发展的必然结果。大学生管理工作主体的职业化，就是要让学生管理工作者以大学生管理工作为本职，在工作职责履行、职业能力发展、岗位任务完成等方面有职业归属感，能够真正安下心来做工作，宁心静气搞研究，可以使学生管理工作者队伍在职业范围内保持稳定。为了培养社会主义合格的建设者和可靠的接班人，我们不仅要在学生管理工作者队伍职业化问题上进行理论探讨，更要在实践中促使学生管理工作者队伍职业化的早日到来。

2. 大学生管理工作主体专家化

一般认为，专家是对某一事物或领域精通，或者说有独到见解的人。大学生管理工作专家化是指在其职业化的基础上，通过不断地学习提升自身的实践探索，加强总结、反思和批判，持续提高自身业务理论水平和实践能力，成长为敢于创新、善于创造性地解决工作中遇到的各种问题、对工作中的各种问题有深刻的认知和独到见解的复合型人才，能够在学生管理工作岗位上成为思想政治教育专家、教育管理专家、心理健康咨询专家、职业生涯指导专家、法治教育专家、社团活动指导专家等。当然，大学生管理工作者的专家化非一日之功，要想成为专家，就要静下心来进行系统全面的学习，接受扎实有效的培训，经历反复的实践，开展批判反思研究。在我国现有的大学生管理工作队伍中，尤其是辅导员队伍中，专家化的程度不太高。当前针对大学生管理工作者的部分政策，如职称晋升、学位攻读等相关的政策，在一定程度上鼓励大学生管理工作队伍向专家化方向发展，但是由于诸多因素的影响，很多大学生管理工作者仅是将其作为跳板。大学生管理工作队伍专家化的前提是专业化，因而大学生管理工作队伍专家化建设的关键是大学生管理工作队伍专业资格的认定和综合业务能力测评体系的构建。所谓专业资格认定，就是要确定大学生管理工作人员专业化发展的逻辑起点，进而制定大学生管理工作队伍走向专家化的方向与举措，如攻读学位、晋升职称、学术研究、学习培训等，在此基础上，还要形成行之有效的约束机制，使大学生管理工作队伍的专家化落到实处。

（二）工作对象实现"三自"

1. 学生的自我教育

自我教育是在教育系统中，受教育者根据社会标准、道德规范及相关要求，自觉地进行自我认识、自我评价、自我监督、自我控制，有目的地调整自己行动的活动，从而主动达到或接近教育目的的过程。对个人教育而言，自我教育是起主导作用的方法之一。自我教育既是衡量教育实效性的一个标志，又是学生管理工作的归宿。大学生管理工作最终要落脚到大学生实现自我成长、自我发展。可以说，在新时期，自我教育是大学生管理工作贯彻落实科学发展观的内在要求，也是大学生管理工作的长效标准和最终归宿，更是大学生管理工作深化科学发展观、克服传统模式的弊端和应对新形势的必然选择，因而高校在学生管理工作开展过程中，不要一味地强调教育主体一方，而要站在系统思维的角度，关注教育的对象——学生，如要正面引导，弘扬正气，建立自我教育的引导机制；加强学生会、学生社团等学生组织的建设，保障自我教育的实施条件；将自我教育贯穿到学生日常学习生活和社会实践活动之中，使成长主体的主体性价值得以充分实现；加强校园文化建设，形成自我教育的良好氛围；将思想政治教育与新生教育、专业教育、心理健康教育和实践就业教育等有机结合，进行全方位、全过程的自我教育；提高教育工作者的自我教育意识，发挥受教育者的积极性；以人为本、贴近学生，发现新情况，解决新问题。

2. 学生的自我管理

学生的自我管理是为了适应社会发展对个人综合素质的要求，调动学生自身主观能动性，自觉地利用和整合各方面资源，运用各种有效管理办法，开展自我认识、自我分析、自我设计、自我组织、自我实施、自我控制、自我监督和自我评价的自我管理过程。自我管理是学生主体性价值实现的过程，是学生自身能力素质有效提升的过程。在大学生管理工作中，学生自我管理的领域很多，如设立学生宿舍自律委员会，以宿舍为依托，对学生予以社区化管理；建立学生党员社区管理制度，即学生党员在党总支和党小组的直接管理下，按宿舍楼层把学生党员编组，开展相关学习活动，接受学生监督，切实保障学生党员先进性的发挥；建立辅导员助理、见习班主任制度，通过在高年级中选拔管理组织能力强的优秀学生干部担任低年级的见习班主任，有效弥补管理力量不足的问题；建立学生班规民约制度，对班级日常事务进行自治、进行民主管理等。

3. 学生的自我服务

学生的自我服务是学生通过相关载体和平台为所在的学生群体（包括自己在内）提供服务的过程。要实现自我服务，首先，要充分认识自我服务的必要性和紧迫感。特别是对于未来即将进入职场的学生群体来说，他们更要认识到这一点，应当具有自我服务的意识，应当具备自我服务的能力，应该在进行自我服务的过程中全面提升自身的能力素质。其次，要充分利用好各级各类服务平台。各级学生社团组织、班集体、生活社区、学生会等学生群体性组织是学生实施自我服务的坚实载体。在这些组织中，学生可以互相学习，共同进步；同时，这些组织对于活跃校园文化、稳定校园秩序、沟通民情民意起到了很好的作用。

（三）工作内容具备"三性"

1. 具体性

教育部或地方教育行政部门对大学生管理工作做了宏观的规定，这些规定成为一定时期内大学生管理工作的主要内容，也成为大学生管理工作的主要依据和指南。但是从内容上看，这些规定过于宏观、抽象。由于各种原因，诸多高校在解读规定时不太深入，使大学生管理工作的内容不太具体，操作起来也不太好把握。大学生管理工作要符合高校的具体实际，其内容必须具体化。根据科学发展观的要求，在具体化的过程中，须运用现有科学理论认真研究工作对象、工作环境等因素，使大学生管理工作内容符合高校自身实际，而不是过于抽象从而导致难以驾驭。不同的高校、不同的学生、不同的级别、不同的类型、不同的时期，大学生管理工作的内容也有不同。

2. 系统性

系统性是整体思维和结构优化在组织运行中的充分体现。系统是由多种相关因素组合而成的一个具有特定目标功能的组织。就大学生管理工作的内容而言，其系统构成要素很多，如思想道德、就业指导、安全法治、心理健康、能力素质、形势政策等。强调大学生管理工作内容的系统性，主要在于须将大学生管理工作视为一个有机整体，以避免将大学生管理工作的各个方面孤立看待，目的是要开阔大学生管理工作者的工作思路，运用运动、发展、变化的观点审视大学生管理工作，提高大学生管理工作的时代性与系统性。从系统的角度认识大学生管理工作，我们可以清楚地看到大学生群体是一个系统，而且大学生管理工作本身就是一个具有突出系统特点的整体。

3. 层次性

层次性是自然界中普遍存在的现象。大学生管理工作是一个特殊的系统，其内部的层次性是不以人的意志为转移的，是客观存在的。大学生管理工作不仅拥有自己的详细内容，而且其内容也必然具有相应的层次性。由此可见，大学生管理工作内容"不是单一的，而是集合的，是一个目标系统"。大学生管理工作内容的层次性就是对大学生管理工作内容予以纵向结构剖析。从不同层次院校来讲，人才培养的目标具有差异性；从不同年级来讲，大学生管理工作应该具有不同的针对性、指向性和侧重性；从大学生个体来讲，不同基础、不同水平、不同成长目标的大学生应该接受不同方式和不同内容的教育，也就是真正意义上的因材施教。

（四）工作方法做到"四化"

1. 科学化

科学，就是符合客观规律，符合自身实际，体现客观现实，适应环境变化。多年来，我国大学生管理工作偏重维护稳定和维持秩序的目标追求，"求稳"重于"开拓"，"守成"多于"创新"，越来越不适应"科教兴国""人才强国"战略下对人才的全面发展的要求。融入时代特征，强调以人为本，明确大学生管理工作要充分认清自身的育人功能，充分重视学生在大学生管理工作中的重要地位，充分理解大学生管理工作的价值追求在于"以学生为本，服从、服务于学生的全面发展，并以培养社会主义合格建设者和可靠接班人为使命"。高等教育事业科学化的发展，对大学生管理工作提出整体上从事务层面向全面协调、可持续发展层面转变的新要求。

2. 人性化

在传统观念中，大学生管理工作的主要内容就是事务管理，忽视教育、服务、指导、咨询、资助等职能，滞后于当代大学生群体成长、成才、成功的现实诉求。高校在管理工作中往往忽视人的全面发展的需要，没有真正做到以人为本。以人为本，在大学生管理工作中就体现为以学生为本，以学生的全面发展为本，把学生当作有思想、有独立人格的社会公民来看待，要坚持以学生的根本利益和成长成才为出发点。大学生管理工作要做到以人为本，首先是管理工作要以学生为中心，从学生的立场出发，满足其合理的需求，要尊重学生、依靠学生，注重老师管理和学生自我管理相结合；其次，要不断满足学生的精神发展诉求，善于从学生自我发展与合理需求的视角完善管理规章制度，看待问题要善于转换角度，要善于调动各方面的积极性，体现学生激情与活力的特点，促进学生的自我实现与超越。同时，对学生进行管理时，可以采用引导、激发、鼓励、奖励和惩罚等方法进行人性化管理，加以规章制度约束、监督、处罚、处分等手段进行法治化管理辅助。

3. 信息化

在信息化时代，高校在工作方法上需进行信息化建设。在校园中以通信工具、信息网络为要素的现代信息媒体，正逐渐改变学生的思维逻辑、行为模式和价值取向，而这些都使得开展大学生管理工作的方法发生了根本性的改变。利用现代信息技术服务于大学生管理工作，是大学生管理工作适应时代发展的必然选择，也是大学生管理工作内在规律的必然要求。高校将信息化应用到大学生管理工作中，不仅摆脱了传统的复杂、烦琐、低效的管理模式，而且大大提高了管理的效率，节省了精力。大学生管理工作信息化后，大学生管理工作者可以充分利用网络的及时性、灵活性、虚拟性和动态交互性等特点，更加贴近学生的学习生活，更好地为学生服务。

4. 个性化

因材施教是中华传统文化中的精髓，是教育的真谛。高等教育要实现科学发展，增强育人工作的针对性、实效性和个性化是必然趋势和必由之路。大学生管理工作是育人工作的重要组成部分，大学生管理工作从理念到方法上都应增强针对性、实效性和个性化，这是高校育人工作个性化教育的重要内容。可以说，高校在大学生管理工作中，方法的个性化源于管理对象的个性化，对于不同的教育对象，需采取不同的教育措施，从而促进学生的发展。强调因材施教，要求大学生管理工作充分把握新时代大学生成长成才规律，善于利用信息化手段，充分尊重学生的个性，区分学生类型以进行分类指导，并最终实现个性化引导。

二、大学生管理工作的原则

（一）全面发展原则

大学生管理工作要全面贯彻党的教育方针，以提高学生素质为根本宗旨，造就有理想、有道德、有文化、有纪律的德、智、体、美、劳全面发展的社会主义事业的建设者和接班人。高校对于学生的管理，不能违背这一要求和规律。大学生管理工作要注重全面提高学生的素质。实践证明，以考试为手段，以分数为标准，把少数人从多数人中选拔出来的应试教育忽视了对学生的理想信念的教育、良好人格的培养，引导学生片面地追求升学，其危害已日益引起人们的关注，以应试为唯一目的的学生管理模式必须予以纠正。

（二）方向性原则

管理是一种有目的的活动，管理工作必然具有方向性。以坚持社会主义方向为准绳，这是我国大学生管理工作的一个本质特点。我国是社会主义国家，自然要使高等学校成为社会主义性质的育人场所。社会的性质制约着学校的性质，进而决定学校一切管理工作的性质。因此，大学生管理工作作为一种有目的、有意识的自觉活动，必须坚持党的领导，坚持社会主义方向，为社会主义现代化建设培养造就大批合格人才，这是大学生管理工作必须遵循的一条最基本、最重要的原则。

（三）集体性原则

强调大学生管理工作的集体性，并不是要取消或者压制学生的个性。但是个性的形成和培养也不是孤立的，而是在集体的环境中进行的，二者是辩证统一的关系。大学生管理工作是在学生集体——主要是班集体中进行的，班级既是大学生管理工作的主要场所，也是德、智、体、美、劳全面教育的主要组织形式。学生集体既是对学生进行管理的组织手段，又是对学生进行教育的强大力量。因此，加强班级建设，是符合大学生管理集体性原则的。

（四）平等与尊重原则

尽管大学生管理工作者与学生是管理和被管理的关系，但大学生管理工作者应以平等的态度对待每一名学生。这里的平等有两方面的含义：一方面，双方在人格上是平等的，不存在高低贵贱之分；另一方面，大学生管理工作者应一视同仁地以平等态度对待每一位学生。平等要求尊重和信任学生，维护学生的自尊心和自信心。实践证明，差生之所以成为差生，往往是由于失去了自尊和自信；成功的教育之所以成功，也往往是从启迪自尊、启动自信开始的。

（五）理论与实践结合原则

理论与实践相结合，坚持实践是检验真理的标准，这是马克思主义的基本原理，也是大学生管理工作的基本原则。准确领会和掌握马克思主义基本原理，从而把握它们的精神实质，是搞好大学生管理工作的前提。但是，基本原理的应用价值和范围，是受不同学校、不同管理对象和管理者水平等因素制约的。党和国家在社会主义现代化建设阶段有着基本的教育方针和政策，在各个不同发展时期，针对不同特点，又提出一系列具体的方针、政策和要求。这些方针、政策和要求，应当体现在大学生管理的具体措施、方法之中。但是科学的学生管理工作必须从本地区、本校、本专业、本年级学生的具体情况出发，从学生的素质、兴趣、爱好，以及青年的生理、心理特点等出发，制定出相应的方法和措施。

第三节　大学生管理工作的价值与职能

一、大学生管理工作的价值

（一）社会价值

1. 培养合格人才的重要手段

中国特色社会主义事业的发展需要数以亿计的高素质的劳动者、数以千万计的专门人才和一大批拔尖创新人才。高校是人才培养的重要基地，其中心任务就是要为中国特色社会主义建设培养合格的专门人才。而大学生管理则是高校人才培养工作的重要手段，在培养合格人才中发挥着不可或缺的重要作用。

1）维护正常的教育教学秩序

高校的教育教学活动是按照一定的规章制度有目的、有计划、有组织地进行的，建立和维护正常的教育教学秩序是高校教育教学工作的内在要求和基本条件。这就需要有严格的、科学的管理，包括大学生管理。大学生管理工作在维持高校教育教学秩序中具有特殊的重要作用。在大学生管理工作中，实行严格的学籍管理，按照一定的制度和规定，有序地做好有关大学生入学与注册、课程和各种教育环节的考核与成绩记载、转专业与转学、休学与复学、退学、毕业与结业等各项工作，是建立正常的教育教学秩序的基础。实施系统的学习管理，引导大学生明确学习目的，提高学习的主动性和自觉性，规范大学生的学习行为，督促大学生自觉遵守学习纪律和考试纪律，形成良好的学风，是建立正常的教育教学秩序的关键。加强对班级、学生社团等学生群体的管理，引导大学生紧紧围绕高校的教育教学目标，有序地开展班级活动、社团活动和其他课余活动，是建立正常的教育教学秩序的重要条件。

总之，大学生管理工作是建立和维护正常的教育教学秩序的重要保证。没有有效的大学生管理，维持正常的教育教学秩序谈何容易。

2）培养学生的思想品德

中国特色社会主义建设所需要的合格人才不仅要具备扎实的专业知识和良好的能力素养，还要具备优良的思想品德。所谓思想品德，是指人在一定的思想体系指导下，按照社会的言行规范行动时，表现在个人身上的相对稳定的特征。它是以心理因素为基础的思想与行为的统一体。培养学生良好的思想品德，不仅需要深入细致的思想政治教育，还需要有效的管理。这是因为良好思想品德和行为习惯的形成，是一个由他律到自律的过程。大学生各方面还未成熟，发展尚未稳定，加之各个大学生的思想基础不同，接受教育的主动性、积极性和自觉性各不相同，导致大学生自我管理、自我约束的能力存在差异。要帮助大学生提高自理、自律的水平，使他们能够自觉地遵循社会的思想规范、政治规范、道德规范和法纪规范，并形成良好的行为习惯，就必须在加强思想政治教育的同时，加强对大学生各方面的管理，注重大学生日常行为规范的训练。通过科学制定并严格执行各项规章制度，强化行为管理和纪律约束，使大学生在学习、交往等各方面的行为都能够按照一定的规范有序地进行，不仅有助于培养大学生良好的行为习惯，也可以为思想政治教育创造良好的环境条件，从而增强思想政治教育的效果。

3）激励、指导和保障学生的学习行为

高校教育教学的过程是教师与学生双向互动、"教"与"学"辩证统一的过程。其中，"教"是主导，"学"是关键。学习是大学生的主要任务，是大学生能否成为合格人才的关键。而大学生管理工作则对大学生的学习行为起着重要的激励、指导和保障作用。

（1）大学生管理工作对大学生学习行为的激励作用主要表现在：引导大学生充分认识大学学习的社会意义和个体价值，明确学习目的，激发大学生的学习动机；运用颁发奖学金和授予荣誉称号等方式，表彰学业优秀的大学生，鼓励大学生勤奋学习；把竞争机制引入大学生的学习活动之中，围绕大学生的专业学习，组织各种竞赛活动，激发大学生的学习热情。

（2）大学生管理工作对大学生学习行为的指导作用主要表现在：指导新生了解大学阶段学习的特点和要求，促进他们尽快实现学习方式从被动性学习到自主性学习的转变；指导大学生根据社会需求和自身实际制订职业生涯规划，确定自己的职业生涯发展方向，从而明确学习目标；指导大学生掌握科学的学习方法，养成良好的学习习惯，不断提高自主学习能力和学习效率；指导大学生积极开展社会实践活动，注重在实践中加深对专业理论知识的理解，在实践中提高自己的专业技能。

（3）大学生管理工作对大学生学习行为的保障作用主要表现在：加强资助管理，切实做好助学贷款和助学金的发放工作，组织和指导勤工助学活动，为家庭经济困难学生安心学习、顺利完成学业提供必要的经济条件；开展心理辅导，帮助大学生克服学业焦虑等各种消极心理，以积极健康的心态对待学习等。

2. 构建和谐社会的内在要求

1）大学生管理是促进学生集体和谐发展的重要手段

学生党团组织、班级、学生会、社团等学生集体是大学生政治学习和日常生活的基本组织形式，直接影响着大学生的思想和行为，是大学生思想政治教育和管理的重要载体。学生集体的和谐发展，不仅直接关系着学生个体的健康成长和全面发展，也直接关系着高校的和谐稳定和科学发展。大学生管理包含着对学生集体的管理，因此其在促进学生集体和谐发展中具有十分重要的作用。通过大学生管理，引导学生集体自觉遵循学校的有关制度和规定，紧紧围绕学校的人才培养目标和大学生成长成才的需要，积极开展丰富多彩的集体活动，充分发挥自身在大学生自我教育、自我管理中的作用，可以促进学生集体的发展与学校发展的和谐与统一。通过大学生管理，切实加强学生集体的思想建设、组织建设、制度建设和作风建设，引导大学生增强集体意识，主动关心集体发展，积极参与集体活动，弘扬团结互助精神，不断增进同学友谊，注重同学之间的相互沟通与交流，及时化解各类矛盾，促进学生集体自身的和谐发展。通过大学生管理，引导学生党团组织、班级、学生会、社团等各类学生集体正确处理相互之间的关系，加强相互之间的沟通和协调，做到相互配合、相互支持，形成大学生自我教育、自我管理的合力，可以促进各类学生集体的相互和谐与共同发展。

2）大学生管理工作是构建和谐校园的重要手段

高校是现代社会中不可或缺的重要社会组织，担负着培养人才、推进科技进步、传播先进文化的重要任务。构建和谐校园，是构建社会主义和谐社会的应有之义，也是推进高校科学发展的内在要求。加强学生管理，引导和组织学生积极发挥在和谐校园建设中的主体作用，是构建和谐校园的重要保证。加强学生管理，建立和完善学生参与民主管理的组织形式，引导、支持和组织学生依法参与学校的民主管理和实行自主管理，切实维护和保障学生在校期间享有的权利，引导和督促学生全面履行法律规定的义务，自觉遵守国家法律和学校管理制度，能够有力地推进高等学校的民主法治建设。加强学生管理，妥善地协调学生与学校、学生与教师之间的关系，维护学生的正当利益，实事求是地评价学生的思想品德和学业成绩，公正地实施奖励和处分，正确地处理学生中的各种矛盾和问题，可以使公平正义在校园中得到弘扬。加强学生管理，督促学生在学习考试、科学研究、人际交往和日常生活中坚持诚实守信，做到不作弊、不剽窃，引导学生尊敬师长，友爱同学，团结互助，才能在校园中形成诚信友爱的良好风尚。通过学生管理，充分调动学生的积极性和创造性，围绕专业学习，开展丰富多彩的社团活动和社会实践活动，鼓励、组织和支持学生开展科学研究、进行创造发明、尝试创业活动，才能使校园真正充满活力。通过学生管理，建立和维护学校正常的教育教学秩序和生活秩序，加强学生的安全教育和管理，保障学生的身心健康，有效地预防和妥善地处理学生中的突发事件，努力建设平安校园，才能使校园实现安定有序。通过学生管理，引导和督促学生自觉维护校园环境，节约使用水、电等各种资源，才能使校园成为人与自然和谐共处的生态校园。

　　3）大学生管理工作是维护社会稳定、实现社会安定有序的重要保证

　　我们所要建设的社会主义和谐社会应该是民主法治、公平正义、诚信友爱、充满活力、安定有序、人与自然和谐共处的社会。安定有序是社会主义和谐社会的内在要求和重要特征，也是实现社会和谐的基本条件。社会稳定则是安定有序的基本内容和重要表现，也是改革、发展的前提。而高校稳定是社会稳定的重要条件，高校稳定的关键在学生。这是因为，学生的思想尚未成熟，思想和行为上存在着矛盾性。他们关心国家发展，关注时事政治，追求民主自由，并具有较强的政治参与意识，但尚缺乏政治经验和社会生活经验，政治辨别能力不强，容易受到社会上错误思潮和不良倾向的影响。同时，学生正处于青年期，情感具有强烈性。这既使学生热情奔放，勇往直前，也使学生易于冲动。成千上万的学生集中在高等学校的校园内，如果缺乏正确的引导和有效的管理，一些不良的倾向和问题，很容易在学生中蔓延开来，并造成不良的社会影响。因此，切实加强学生管理，正确引导学生的社会活动和政治行为，妥善解决学生在学习、生活、交往和就业中碰到的各种矛盾和问题，及时处理学生中发生的各种突发事件，保持高等学校的稳定，对于维护社会稳定、实现社会安定有序具有特殊的重要意义。

（二）个体价值

　　大学生管理工作的个体价值主要表现在激发动力、开发潜能、完善人格等几个方面。

1. 激发动力

　　高校的系统教育为学生的成长和发展提供了良好的条件，而学生能否健康成长和全面发展，关键在于学生自身的主观努力，即主观能动性的发挥。因此，要促进学生的成长和发展，就必须注重激发学生的内在动力，充分调动他们的主动性和积极性。大学生管理工作具有显著的激励功能，在激发学生内在动力方面具有突出的作用。大学生管理工作对学生的激励作用，主要是通过以下3种路径实现的。

　　1）目标激励

　　人的行为总是指向一定目标的，目标是人们期望达到的成果和成就，能够激发人的内在积极性，鼓励人们奋发努力。人们对目标达成后满足自身需要的价值看得越大，目标能够实

现的可能性就越大，目标的激发力量也就越大。大学生管理工作应遵循社会发展要求与学生自身发展需要相统一的原则，科学地制定管理的目标，着力引导学生根据社会需要和自己的兴趣爱好、主观条件合理地确定自己的学习目标和发展目标，从而对学生成长发挥重要的激励作用。

2）需要激励

需要是人的行为动力的源泉，是行为动机产生和形成的基础。人的积极性发挥及其发挥程度，归根结底取决于其需要能否得到满足，以及满足的程度。大学生管理工作应坚持以人为本的管理理念和服务学生的管理原则，关心学生的实际需要，维护学生的正当利益，扎扎实实地为学生的成长和发展提供各方面的指导和全方位的服务，因此也就必然会对学生发挥重要的激励作用。

3）奖惩激励

奖励和惩罚是大学生管理工作的重要方法，其目的就是要通过运用正、负强化手段，控制学生行为结果的反馈调节作用，以维持和增强学生努力学习和践行学生行为准则的主动性和积极性。奖励是通过奖赏、赞扬、信任等褒奖形式来满足学生的需要，使其感到满足和喜悦，从而更加奋发努力的正强化手段；惩罚是通过造成被惩罚者某种需要的不满足而使其感到痛苦和警醒，从而变消极行为为积极行为的负强化手段。大学生管理工作通过恰当地运用奖励和惩罚，鼓励先进，鞭策后进，从而激励全体学生奋发努力。

2. 开发潜能

人的潜能是指人所具有的有待开发、发掘的处于潜伏状态的能力。它包括人的生理潜能、智力潜能和心理潜能。人的潜能是人的现实活动力量的潜伏状态和内在源泉，人的能力的发展，在一定的意义上，也就是开发潜能，使之转化为现实活动力量，即显能的过程。大学生正处于成长和发展的关键时期，着力开发他身上所蕴藏的丰富潜能，将他们内在的潜能转化为从事社会建设的实际能力和现实力量，是大学生培养工作的重要任务。大学生管理工作作为学生培养工作的重要组成部分，在开发学生内在潜能方面发挥着不可或缺的作用。大学生管理在开发大学生潜能方面的作用，主要是通过以下 3 种途径实现的。

1）指导学习训练

学习和训练是开发潜能的基础。只有通过系统地学习和训练，掌握必要的知识和方法，才能使潜能得到正确的、有效的发挥。大学生管理工作者通过对学生的学习活动进行管理和指导，引导学生确立正确的学习目的，掌握科学的学习方法，不仅可以充分发掘学生在学习方面的潜能，以提高他们的学习能力，而且可以促进学生系统地掌握专业理论知识和方法，从而使他们在专业方面的潜能得到开发和发展。

2）运用激励机制

激励是开发潜力的重要手段。通过激励，可以充分调动人的主观能动性，打破安于现状的消极心态，振奋人的精神，转变人的态度，激发人的兴趣，调整人的行为模式，从而达到开发潜能的目的。而激励则是大学生管理的重要手段。大学生管理工作运用激励机制，通过引导学生明确努力方向和成才目标，奖励成绩优异、表现突出的学生，可以调动他们的主动性和积极性，激发他们奋发向上的进取精神，从而促进他们不断地开发自身内在的潜能。

3）组织实践活动

实践是潜能转化为显能的中介和桥梁。人的潜能，只有在实践中，才能逐步显现出来，得到实际发挥，从而转化为显能。大学生管理工作者通过支持和指导学生的社团活动和社会实践活动，鼓励和引导学生的科技服务和科技创新活动等，可以为学生提供丰富多样的参与实践活动的机会，使他们的潜能在实践中得到开发和发展。

3. 完善人格

人格是一个人所具有的稳定而统一的心理特征的总和。通俗地讲，人格就是指一个人的品格、思想境界、情感格调、行为风格、道德品质、精神面貌等。人格既是个人发展状况的集中表现，也是个人发展的内在主观条件。从内在方面来看，人的全面发展包含着人格的健全和完善。大学生管理工作以促进学生的全面发展为根本目的，因此必然要注重培育学生健全的人格，以促进他们形成崇高丰富的精神境界、高尚优秀的道德品质、积极健康的心理品格。大学生管理在完善学生人格方面的作用，主要表现在以下2个方面。

1）优化环境影响

环境是影响学生人格形成和发展的重要因素，对学生的人格具有陶冶和感染的重要作用。大学生管理工作在营造良好的校园环境、优化校园环境影响方面具有重要作用。大学生管理工作通过制定和执行合理的规章制度，建立和维护正常的校园秩序；通过有效的学习管理和班级管理，促进良好学风和班风的形成；通过对学生交往活动的管理和引导，优化校园的人际环境；通过对学生网络活动的管理和指导，净化校园的网络环境；通过对学生社团和学生课余活动的管理和指导，形成积极向上、丰富多彩的校园文化生活环境；通过对学生生活园区的管理和学生日常行为的指导，为学生营造安定有序、文明健康的日常生活环境；等等。

2）指导行为实践

实践是学生人格形成和发展的基本途径。学生所接受的各种教育影响，只有在实践中通过他们亲身的体验，才能真正为他们所理解、消化和吸收。学生行为习惯的养成、实践能力的提高等，更是自身长期实践活动的结果。因此，大学生管理工作通过对学生行为和实践活动进行管理和指导，必然会对学生人格的完善发挥重要作用。

二、大学生管理工作的职能

（一）早期大学生管理工作职能

早期的学生管理特指教学管理，以学籍管理为例，其中包含入学与注册，考试成绩的记录，升级、留级、降级，休学、复学、退学，考勤与纪律，奖励与处分，毕业学位和学历证书的发放，等等。随着我国各方面的快速发展和蓬勃壮大，大学生管理工作也面临着更高的台阶、更大的挑战。大学生管理的范畴进一步扩大，如网络教育、心理健康教育、助学、就业指导、生涯教育等一系列崭新的课题出现在各高校。学生管理工作由过去的严管学生向素质教育、欣赏教育、服务型管理、全方位指导的方向转变，并且配备专业的教育人员进入学生管理第一线。高校会对这些教育人员进行专职的、系统的、科学的岗前指导，从而不断提升大学生管理工作者的个人素质和工作能力。

（二）当今大学生管理工作职能

当今大学生管理工作包括思想政治教育、道德规范教育和管理、学生社团管理、组织并指导勤工俭学和社会实践、计算机网络管理、宿舍管理、学生奖励和处分。因此，一般高校的学生管理机构——学生处（部）下设有思想教育科、学生档案室、勤工俭学管理办公室、网络工作室、学生宿舍管理办公室等。

第四节　大学生管理工作的环节与方法

一、大学生管理工作的基本环节

（一）大学生管理工作的基本环节——决策

大学生管理决策是指学生管理工作者为了达到一定的目标，在掌握充分信息和对有关情况进行深刻分析的基础上，运用科学的方法，从两个以上的可行性方案中选择一个合理方案的分析判断过程。大学生管理决策过程包括：研究现状、确立目标、拟定决策方案，比较与选择等阶段性工作内容。

1. 研究现状

有待解决的问题才需要决策，也就是说，决策是为了解决一定的问题而制定的。因此，制定决策，首先要分析问题是否已经存在，是何种性质的问题，这种问题是否已经对社会、对学校、对学生自身及未来的发展产生了不利影响。高校需要分析学生在学习、生活、各种能力的培养、实践活动、未来的就业和创业等方面可能遇到的种种问题及面临的挑战，确定问题的性质，把问题作为决策的起点。当然，研究这些问题的主要人员应该是高校的高层管理人员，这不仅是因为他们要对学校的发展负责、对学生的未来发展负责，而且他们在学校中所处的地位使他们能够通观全局，高屋建瓴，易于找出问题的关键所在。

2. 确立目标

在分析了学生在学习、生活、各种能力培养、实践活动、未来就业和创业中可能遇到的种种问题，以及面临的挑战或者说不协调的因素之后，高层管理人员还要进一步研究针对问题将要采取的各种措施应符合哪些要求、必须达到何种效果，也就是说，要明确决策的目标。明确决策目标，需做好以下 3 个方面的工作。

1）提出目标

这一目标应该包括上限目标（理想目标）和下限目标（必须实现的目标）。

2）明确多元目标之间的相互关系

大学生管理工作的目标具有多重性，但是对于不同年级、不同专业的学生来说，其目标的重要性是不同的。在特定时期，决策只能选择其中一项作为主要目标。然而，多元目标之间的关系是既可能是相互联系，又可能是相互排斥，如对于毕业班的学生来说，考研究生和公务员与求职之间就是这种既相互联系又相互排斥的关系。

因此，高层管理人员在选择了主要目标后，还要明确它与非主要目标之间的关系，以避免在决策的实施过程中将主要精力和时间投入到非主要目标活动中去，避免因小失大。

3）限定目标

目标的执行有可能给学校和学生带来有利的结果，也可能带来不利的结果。限定目标就是要把目标执行的有利结果和不利结果加以权衡，规定不利结果在何种程度上是允许的，一旦超越这一程度则必须停止原计划，终止目标活动。一般来说，无论是何种目标，它都必须具有三个基本特征：能够计量、能够规定期限、能够确定责任人。

3. 拟定决策方案

决策的关键在于选择，而要做出正确选择，就必须提供多种可供选择的方案。从实践来看，任何目标都可以通过多种不同的活动来实现，因而不拟出几个实现它的决策方案的情况是很少的。因为对于高层管理人员而言，如果只有一种行事方法，那么这种方法很可能就是错误的。在此情况下，高层管理人员可能就不再努力去考虑另一些能够使决策做得更好的方法。

决策方案描述了学校为实现目标拟采取的各种对策的具体措施和主要步骤，但是，由于目标可以采取多种不同的活动来实现，所以应该拟定出不同的行动方案。

1）要确保有足够多的方案可供选择

为了使方案的选择有意义，不同的方案必须相互区别而不能相互包容。假如某个方案的活动能够包含在另一个方案之中，那么这个方案就失去了存在的意义和价值。

2）形成初步方案

一般来说，任何一个方案的产生都应该建立在对环境的具体分析和发现问题的基础之上，然后，根据问题的具体性质及解决问题所要达到的目标，提出各种改进设想，并对这些设想进行分析、整理和归类，进而形成各种不同的初步方案。

3）形成一系列可行方案

高层管理人员在对各种初步方案进行遴选、补充的基础上，对挑选出来的方案进行进一步完善，并预期其实施结果，这样便会形成一系列不同的可行方案。

4. 比较与选择

选择方案，首先要了解各种方案的优劣。为此，高层管理人员需要对不同的方案加以评价和比较。这种评价和比较主要包括以下几个方面：一是实施方案所需要的条件能否具备，具备这些条件需要付出何种代价；二是方案实施能够给学校和学生各自带来什么利益（包括长期利益和短期利益）；三是方案实施中可能遇到哪些问题，其导致活动失败的可能性有多大。

根据上述评价和比较，高层管理人员便可以找出各种方案的差异，分析出各种方案的优劣。在此基础上进行的选择，不仅要确定能够产生综合优势的实施方案，而且要准备好环境发生变化时可以启用的备用方案。确定备用方案的目的是对可预测到的未来变化准备充分的必要措施和应急对策，避免在情况发生变化后因疲于应付而忙上添忙，乱中增乱，或束手无策而蒙受这样或那样的损失。

（二）大学生管理工作的基本环节——计划

大学生管理计划就是在确定既定目标的前提下，进一步根据实际情况，科学地、及时地制定为达到一定目标而采取的行动方案。具体来说，学生管理计划就是通过将学校在一定时间内的活动任务分解给学生管理的每个部门、环节和个人，从而不仅为这些部门、环节和个人的工作及活动的检查与控制提供依据，而且为决策目标的实现提供组织保证。

实施大学生管理计划是一种协调过程，它给学生管理部门、学生管理工作者及学生指明了方向。当有关人员了解组织的目标和未达到的目标，他们必须作出贡献时，便开始活动，互相合作，形成团队。而缺乏计划则会走许多弯路，从而使实现目标的过程无效率可言。大学生管理计划还可以促使学生管理部门和学生管理工作者展望未来，预见变化并制定适当的对策，同时减少不确定性、重叠性和浪费性活动。大学生管理计划还能通过设立目标和标准以便进行控制。在计划中必须设立目标，而在控制职能中，高层管理人员又会将实际的绩效与目标进行比较，发现可能出现的重大偏差，采取必要的校正行动。可以说，没有计划，就没有控制。

1. 大学生管理计划的制订

一般来说，制订大学生管理计划可遵循以下程序。

1）收集资料，为计划的制订提供依据

计划是为决策的组织落实而制订的，了解决策者的选择，理解有关决策的特点和要求，分析决策制定的大环境和决策执行的条件要求，是制订行动计划的前提。由于计划安排的任务需要不同专业、不同年级的学生利用一定的资源去完成，因此，计划的制订者还应该收集反映不同专业和不同年级学生的活动能力及外部有关资源供应情况的资料，从而为计划制订提供依据。

2）目标分解

目标分解是将决策确定的学校总体目标分解落实到各个部门、各个活动环节，将长期目标分解成各个阶段的分目标。通过分解，高层管理人员便可以确定学校的各个部门在未来各个时期的具体任务，以及完成这些任务应达到的具体要求。分解的结果是形成学校的目标结构（包括目标的时间结构和空间结构）。目标结构描述了学校中较高层次的目标（总体目标和长期目标）与较低层次的目标（部门、环节、个人目标与各阶段目标）相互间的指导（如总体目标对部门目标、长期目标对阶段目标）与保证（部门目标对总体目标或阶段目标对长期目标）关系。

3）目标结构分析

目标结构分析是研究较低层次目标对较高层次目标的保证能否落实，亦即分析学校在各个时期的具体目标是否能够实现，能否保证长期目标的达成。如果处于较低层次的某个具体目标尚不能实现，那么就应该考虑能否采取一些补救措施，倘若做不到这一点，就应该考虑调整较高层次的目标要求，有时甚至要对整个决策进行重新修订。

4）综合平衡

一般而言，综合平衡工作应着眼于以下 3 点：

（1）分析由目标结构决定的或与目标结构对应的学校各部门在各时期的任务是否相互衔接和协调。具体来说，综合平衡工作就是分析任务的时间平衡性和空间平衡性。时间平衡性指学校在各阶段的任务是否相互衔接，能否保证学校总体目标顺利实现；空间平衡性指学校的各个部门的任务是否保持相应的比例关系，能否保证学校的整体活动协调进行。

（2）研究学校活动的进行与资源供应的关系，分析学校能否在适当的时间筹集到适当品种和数量的资源，从而保证学校活动的连续性。

（3）分析不同环节在不同时间的任务与能力之间是否平衡，即研究学校的各个部门是否能够保证在任何时间都有足够的能力去完成规定的任务。由于学校的外部环境和活动条件会发生这样或那样的变化，就可能导致任务的调整，因此，在任务与能力平衡的同时，学校还应该留有一定的余地，以保证这种可能产生的调整在必要时能够顺利进行。

5）制订并下达执行计划

在综合平衡的基础上，学校便可以为各个部门制订各个时段的行动计划（如长期行动计划、年度行动计划、季度行动计划），并下达执行。

2. 大学生管理计划的执行

制订计划的目的在于执行计划，而计划的执行需依靠学生管理工作者和学生的共同努力。因此，能否保质保量完成计划，在很大程度上取决于在计划执行过程中能否充分调动广大的学生管理工作者和学生的积极性。

3. 大学生管理计划的调整

在计划执行过程中，计划有时需要根据实际情况的变化进行调整。这不仅是因为计划活动所处的客观环境可能发生变化，而且可能因为人们对客观环境的主观认识有了这样或那样的改变。

为了使学生的各种组织活动更加符合环境特点的要求，高层管理人员必须对计划进行适时的调整。而滚动计划就是为了保证计划在执行过程中能够根据情况变化适时修正和调整的一种现代计划方法，它根据计划的执行情况和环境变化情况定期修订未来的计划，并逐期向前移动，使短期计划、中期计划有机结合起来。

由于计划工作中很难准确地预测将来影响发展的各种变化因素，而随着计划的延长，这种不确定性就越来越大，如果一定要按几年以前的计划实施，可能会带来一些不必要的损失。采用滚动计划能够避免这种不确定性所带来的不良后果。滚动计划的基本做法是：制订好学校在一个时期的行动计划后，在执行过程中根据学校内外条件的变化定期地加以修改，使计划不断延伸，滚动向前。滚动计划的方法主要应用于长期计划的制订和调整，这是因为，一般来说，长期计划面对的环境较为复杂，采用滚动计划可以根据环境变化和学校内部活动的实际进展情况适时进行调整，以便于使学校始终有一个为各部门、各阶段活动导向的长期计划。当然，滚动计划也可以应用于短期计划，如年度计划和季度计划的制订和修订。

（三）大学生管理工作的基本环节——组织

学生管理组织就是学生管理机构和学生管理工作者为了有效地实施既定的计划，通过建立管理机构，确定职位、职责和职权，协调相互联系，从而将组织内部各个要素联结成一个有机整体，使人、财、物、信息、时间、技术等资源得到最佳配置和利用。

学生管理机构是否设置科学合理，组织工作是否有效，直接关系到学生的成长和未来发展，关系着学生管理目标的实现。要想有效地实施学生管理，一定要使学生管理组织机构科学化、合理化。为此，就需要构建一套科学的学生管理机构并使之有效发挥其职能。

1. 有效发挥学生管理机构及其职能

目前，各高校的学生管理工作模式已形成了比较一致的组织结构形式，具体表现为：学校党委和学校行政—校党委副书记和副校长—学生工作处（部）和团委—院系党总支副书记—年级辅导员—学生会。以下是其中几个部门的职能介绍。

1）学生工作处（部）

学生工作处（部）同时具有行政管理职能和思想政治教育职能，既负责学生的招收、就业、奖惩、生活指导、日常行为管理等行政管理工作，又负责新生入学教育、学生日常思想教育和毕业生就业思想教育，如此安排为管理和教育的有机结合提供了组织保障，有利于全校学生工作在学校党委宏观指导下有步骤、有计划地进行，克服管理和教育脱节的"两张皮"现象。

2）团委

团委在大学生管理方面的主要职能是：在学校党委的领导下，全面负责大学生团组织的建设和管理；负责对学生会和学生社团进行管理和指导；组织和指导学生的社会实践活动和志愿者活动等。

3）学生会

学生会具有比较完整的组织系统，包括校学生会、院（系）学生会及各班级的班委会。学生会具有比较严密的管理系统，各部门、各成员之间既有分工也有合作，既是相对独立的，又是一个整体。要使大学生管理工作有效实施，必须完善、巩固和依靠学生会组织。对学生会组织，学校上级管理部门除了给予必要的指导外，在财力上也要给予一定的支持，同时还应该给予他们一定的权力和地位，充分发挥他们的积极性和主观能动性。因为学生会的组织结构设置涉及广大学生的方方面面，代表的是广大学生的利益，所以如何使学生会这一组织真正发挥学生与学校之间的桥梁作用，对有效实施大学生管理非常重要。

4）学生自我管理委员会

目前，有一些高校开始尝试设置大学生自我管理委员会，它一般挂靠在学生工作处（部）或团委，下面设立生活保障部、宿舍管理部和风纪监察部等机构。生活保障部的主要任务是参与创建文明食堂的宣传和教育工作，其目的在于美化就餐环境，维护就餐秩序，对不文明行为进行纠正和制止，创建文明的生活环境。宿舍管理部主要是与学校宿舍管理办公室或物业管理部门共同对宿舍进行管理，以求为广大学生营造一个清洁、安静、舒适的学习和生活环境。风纪监察部的主要职责在于整治校园环境，可定时、定点或随时随地对学生中发生的违纪行为进行监察，同时还承担着维护食堂秩序、学校巡视，以及检查学生上课迟到、早退等方面的工作。

2．不断提升学生管理工作者的专业能力

大学生管理工作是集理论性、知识性、实践性、时代性和时效性于一体的工作，它致力于学生的成长和发展，应该成为一种专门的职业。学生管理工作者既应该是学生教育管理服务工作的多面手，又应该是学生就业指导、生活学习指导、成才指导、心理咨询、形势与政策教育等方面的专业人才，唯有如此才能满足学生管理工作的需要，提高管理成效。在实际工作中，学生管理工作者不仅能应付日常事务，还要认真研究学生工作中出现的新问题，要像专家和学者那样，把学生管理工作当作一种事业去经营、去追求，掌握学生管理工作的规律和艺术，成为学生管理工作方面的专家学者。

3．合理配备学生管理队伍人员

为了进一步提高大学生管理的水平和成效，各高校应该根据教育部的要求和实际工作需要，科学合理地配备足够数量的学生管理队伍人员，在保证数量的基础上，专兼职相结合，不断优化结构。目前，各高校的学生管理工作基本上采取院系主要负责制，由院党委副书记、专职辅导员及兼职辅导员协同负责。此外，基于目前大学生就业形势日益严峻，不少高校在学生管理队伍中尝试配备职业指导人员，旨在为学生成功就业提供指导和必要的帮助。

二、大学生管理工作的目标管理法

为了充分发挥不同组织成员在计划执行中的作用，必须把组织任务转化成总目标，并根据目标活动及组织结构的特点分解为各个部门和层次的分目标，组织的各级管理人员根据分目标的要求对下级的工作进行指导和控制。目标管理方法要求组织内的每一个人、每一个部门全力配合实现组织的目标，对于其分内的工作，则自行设定目标、决定方针、编订制度，以最有效的方法达成目标，并经由检查、绩效考核、评估来判断目标达成状况及尚需改善之处，作为后续目标设定的参考依据。

（一）目标管理法的开展程序

1. 设定目标

设定目标包括确定学校的总目标和各部门的分目标。总目标是学校在未来从事活动要达到的状况和水平，其实现有赖于全体成员的共同努力。为了协调配合，各个部门的各个成员都要建立与学校目标相协调的分目标。这样就形成了一个以学校目标为中心的一管到底的目标体系。在设定每个部门和每个成员的目标时，学生管理部门和学生管理工作者要向学生提出自己的方针和目标，学生也要根据学生管理部门和学生管理工作者的方针和目标制定自己的目标方案，在此基础上进行协调，最后由学生管理部门和学生管理工作者综合考虑后做出决定。具体来说，设定目标就是要求每个院系、每个班级在不同阶段都要设定不同的目标，如学习目标、实践能力目标、纪律目标、道德修养和人生理想目标，并以此作为努力的方向。同时，目标的设定还一定要注意明确清晰，能够量化。要求要适度，既要具有挑战性，又是通过努力可以达成的。最后，设定目标时还要为目标的实现确定一个过程，即目标实现要有一定的时间限定，不能无休止。

2. 执行目标

各层次、各院系的学生为了达成分目标，必须从事一定的活动，同时在活动中必须利用一定的资源。为了保证他们有条件组织目标活动，就必须赋予他们相应的权利，使之能够调动和利用必要的资源。有了目标，学生们便会明确努力的方向，而有了权利，就会产生强烈的与权利使用相应的责任心，从而充分发挥自己的判断能力和创造能力，使相关活动有效地进行。

3. 评价成果

成果评价既是实行奖惩的依据，也是上下左右沟通的机会，同时还是自我控制和自我激励的手段。成果评价包括学生管理机构和学生管理工作者对学生的评价、学生对学生管理机构和学生管理工作者的评价、同级关系部门相互之间的评价，以及各层次的自我评价。上下级之间的相互评价有利于信息和意见的沟通，也有益于组织活动的控制。而横向的关系部门相互之间的评价，有利于保证不同环节的活动能协调进行。而学生的自我评价，则有利于促进他们的自我激励、自我控制及自我完善。

4. 实行奖惩

学生管理部门和学生管理工作者对不同成员的奖惩，是以上述各种评价的综合结果为依据的。奖惩可以是物质的，也可以是精神的。公平合理的奖惩有利于维持和调动学生们饱满的热情和积极性，奖惩有失公正，则会影响学生行为的改善。

5. 确定新目标

成果评价与成员行为奖赏，既是对某一阶段组织活动的效果及成员贡献的总结，同时也为下一阶段的工作提供了参考和借鉴。在此基础上，学生管理部门和学生管理工作者为各组织及其各层次、部门的活动制定新的目标并组织实施，从而展开目标管理的新一轮循环。

（二）目标管理法的实施原则

1. 授权原则

即在学生实施目标的过程中，学生管理工作者要能够给予学生适度的授权。

2. 协助原则

即学生管理工作者要给学生提供有关资讯及协助，并且要帮助他们排除实际执行中的一些困难，解决一些问题。

3. 训练原则

作为学生管理工作者，一方面要进行自我训练，不断提高自己的目标管理水平；另一方面还要训练学生，帮助他们掌握相关的方法。

4. 控制原则

目标的实现是有期限的，为了确保目标的顺利实现，学生管理部门和学生管理工作者在每一阶段中都要对学生的活动加以监督、检查，并对出现的问题及时进行协助矫正。

5. 成果评价原则

成果评价原则由一系列原则构成，这些原则包括公开、公平、公正和成果共享原则。坚持公开原则就是要求公开评估，如学生进行自我评估，学生管理工作者进行客观评估。坚持公正和公平原则就是本着"对事不对人"的原则，对目标达成情况进行客观比较。坚持成果共享原则就是要求充分肯定学生的成绩，将成绩归于学生。

第二章

大学生管理工作的基础性

第一节　大学生组织与大学生干部管理

一、大学生组织

（一）大学生组织的意义

组织是按照一定的目的和系统组织起来的团体，或者说把具体任务或职能相互联系起来的整体。它实质上是按一定的目标所做的系统的安排，包括权力分配与责任划分、人事安排与配合，以便达到共同的目的。

无论是正式组织还是非正式组织，尽管其结构形式不同，活动内容也不同，但它们仍有共同点，即职责（或权力）等级和任务的分工。

所谓大学生组织，是指专业、年级、班级等不同系为培养德、智、体、美、劳全面发展的建设者和接班人这样一个共同目的而组织起来的领导团体，如学生党支部、团总支、学生会、班委会等。与其他组织相比，学生组织有其共同点，但更具有自身的特色，具体如下：

1. 权力范围小

学生组织同样要进行职责划分和任务分工，但其权力范围要比一般组织小得多，不与社会生产及其他经济活动发生直接的联系。学生干部虽然参与政治和行政管理活动，但没有直接制定政策的法定任务和权力，其职责主要是执行。

2. 成员变动频繁

学生组织成员变动较为频繁，任职时间最长的也只有三年或四年，一般情况下，任职时间为一至两年。这是由高校学制期限所规定的。

3. 系统性强

除了校级学生组织跨系统外，其他学生组织均以系、专业、年级和班级为系统建立，一般与高校党政组织设置系统相适应。

4. 服务性强

学生组织的主要任务就是贯彻、落实和执行高校党政领导部门所下达的各项具体任务，直接为学生的政治思想活动、业务学习活动、文娱体育活动等服务。此外，其服务性强还表现在所做的工作只是奉献和义务，没有任何报酬。

5. 民主性强

通常情况下，学生组织都是由民主选举直接产生的，没有任命制，只有个别或少数采用聘任制。

（二）大学生组织的设置

大学生组织的设置必须遵循以下两条原则：

1. 精干原则

大学生组织设置必须遵循精干原则，不然很容易产生人浮于事的现象，从而造成人力、物力和财力的浪费。但是把精干原则理解为越少越好，以致不能完成工作，同样不符合精干原则的要求。因此，必须正确理解精干原则所包含的两个方面的含义，即质量和效果。所设置的学生组织，既要在数量上满足工作的需求，又要在质量上满足工作的需要。这里所谈的数量和质量又分别有两个含义：数量是指工作任务量和干部成员的多寡，质量是指干部成员的素质和完成工作任务的质量，二者必须有机结合。

2. 统一原则

组织结构完整严谨，职责划分合理，内部分工明确，协调配合得当，是统一原则的主要内容。具体要求如下：

一是把同一类工作任务归口到某一学生组织或部门管理；

二是专人专职负责，职责相称；

三是指挥灵活，信息沟通渠道畅通；

四是各部门之间经常性地交流信息、互相配合。

总之，要做到大学生组织设置科学、结构合理、上下沟通、信息灵敏，才能极大地提高工作效率，达到预期的目标。

（三）大学生组织的作用

大学生干部不是自发产生的，而是根据共同目标，按照一定的原则，在学校党委和各级党组织考察和培养的基础上，由广大同学或代表推选出来的。他们是贯彻执行党的教育方针和学校党委的决议和意见的骨干分子。他们的工作是高校党的思想政治教育工作的重要组成部分。

第一，大学生党支部作为在学生中最基层的党组织，在贯彻执行党的路线、方针和政策的过程中，在发挥党支部的战斗堡垒作用和党员的先锋模范作用方面，在密切联系同学、经常了解同学党员对学校党组织工作的批评和意见、尊重同学的合理化建议、关心同学、爱护同学、帮助同学提高思想觉悟、努力学习方面，在教育和支持其他学生组织积极开展工作、努力为同学服务方面，在维护校规校纪方面等，起着十分重要的作用。

第二，高校共青团组织是中国共产党直接领导下的先进青年的群团组织，是广大青年在实践中学习共产主义的学校，是中国共产党在高校中的得力助手和后备军，它的一切工作都是围绕党的中心工作开展的。在贯彻执行党的教育方针，把高校建设成为社会主义精神文明坚强阵地的工作中，在造就社会主义事业接班人的伟大工程中，在为党培养和输送合格后备军的伟大实践中，有着其他组织不可替代的地位和作用。

第三，学生会是中国共产党领导下的中华全国学生联合会在高校的基层组织，是党联系广大同学的桥梁和纽带。它在团结教育广大同学为振兴中华刻苦学习、全面发展，维护校园安定团结、建设校园民主、丰富广大同学文化生活、维护广大同学的合法权益，用党和人民的要求规范同学的行为、培养广大同学严格的组织纪律性等方面，同样有着不可替代的地位和作用。它是高校思想政治教育工作的重要组成部分。

大学生干部生活于广大同学之中，与广大同学有着最密切和最广泛的联系，最了解、最清楚也最易于掌握同学的思想状况。因此，对于广大同学来讲，学生干部最有发言权。但了解同学不等于就能当好学校党的工作的得力助手。学生干部要充分发挥学校领导联系广大同学的桥梁和纽带作用。要当好助手，必须做到：主动关心同学的学习、工作和生活，注意倾听他们的呼声，并及时向学校各级组织反映。对于广大同学正当的需求，要尽最大的努力去满足；对于不正当的或暂时不能满足的需求，要耐心细致地加以解释，做好思想政治教育工作。

二、大学生干部管理

（一）大学生干部与大学生干部工作

帮助大学生干部认识自己所扮演的角色及其特点，有助于其带头作用、骨干作用和桥梁作用的发挥：把同学紧密地团结在一起，勤奋学习，刻苦钻研，锐意进取，成为社会主义建设事业的合格人才。

1. 大学生干部

1）大学生干部的含义

大学生干部虽然与一般领导干部有着较大的区别，但仍然具有一般领导干部的本质属性。因此，大学生干部就是充分调动学生的积极性和创造性去努力实现培养德、智、体、美、劳全面发展的建设者和接班人这一宏伟目标的集体成员或个人。

2）学生干部的特点

（1）队伍庞大。依据大学生组织的设置要求，所配备的大学生干部人数众多，一般要占学生总人数的三分之一以上。这一特点是由大学生活内容广泛而丰富的内在联系所决定的。

（2）人才齐备。大学生干部是从经过高考筛选出来的来自全国各地的学子中再筛选出来的，有能歌善舞的，有酷爱美术和体育的，等等。这为大学生干部顺利地、生动地开展工作，带来了一个十分优越的条件。

（3）热情高涨。大学生干部都是20岁左右的热血青年，体力、精力充沛，对未来充满十分美好的憧憬，敢想、敢说、敢为。

（4）贴近学生生活。由于客观环境的作用，使得大学生干部始终与学生同吃、同住、同学习，朝夕相处，形影不离。学生干部最了解学生，学生也最了解学生干部。大学生的举动，大学生干部都看得清清楚楚，这给大学生干部工作带来了许多方便，可以使大学生干部及时地了解同学的利益要求、思想动态等，以便制订出有效的工作计划，采取有力的工作措施。同时，大学生干部的工作学生也看得清清楚楚，直接接受学生的监督和检查，方便大学生干部及时修正工作中存在的不足或失误，以便把工作做得更好。

2. 大学生干部工作

1）大学生干部工作的含义

大学生干部和大学生干部工作是两个既有联系又有区别的概念，不能混为一谈。所谓大学生干部工作是指大学生干部运用一定的工作技巧和方法，按照一定的职责权利范围，充分调动本校或系或班或小组同学的积极性和创造性去努力实现培养德、智、体、美、劳全面发展的建设者和接班人这一宏伟目标的过程。这个过程包括确立目标、预测决策、制订计划、指挥执行、组织协调、指导激励、沟通信息、监测反馈、过程调控、工作评估等。

2）大学生干部工作的特点

（1）执行性。大学生干部和其他学生一样都是学生，处于受教育阶段，在法律层面上还没有承担高校管理决策的社会责任，同时尚缺乏应有的高校管理决策能力。因此，大学生干部虽然要积极参与学校的管理活动，但不能做最后的决策。所以，大学生干部的重要任务是贯彻执行和落实学校党政领导下达的各项工作任务。当然，在保证执行、贯彻和落实学校党政领导下达的各项工作任务时，要积极思考，富有创造性，采取各种行之有效的方式和方法去完成它。

（2）广泛性。高校的一切工作都是围绕学生展开的，同时，又要通过大学生干部工作这一环节落到实处，因而大学生干部工作必然要涉及高校工作的各个方面，从而使其内容丰富而广泛。从总体上来讲，大学生干部工作包括思想政治教育工作和日常事务管理工作两大方面。具体来说，在思想政治教育工作中，要组织经常性的大量党团政治活动，诸如政治学习、讨论，发展党员和团员，举行各种寓教育于活动的竞赛，以及做好大量的经常性的个别思想教育工作等。在日常事务管理工作中，要抓校风校纪建设、业务学习、文体活动、生活卫生等。

（3）具体性。大学生干部工作十分具体。例如，落实学校领导下达的开展"学雷锋户外活动"的具体任务时，大学生干部要做出详细的计划和安排，把"学雷锋户外活动"的具体任务分派到人，并且自始至终地全过程参加活动。

（4）复杂性。大学生干部所做的一切工作就是要求同学按照学校的要求和规范去做，而人的行为是受思想支配的，这就是说，要使同学能按照学校的要求和规范去做，必须做好同学的思想工作。人的思想活动具有极大的隐秘性，而要打开学生的心灵之窗并非易事。此外，年轻的大学生（当然包括大学生干部本身在内）世界观还不成熟，缺乏观察分析周围事物的正确方法，因而纷繁复杂的社会现象反映到学生脑子里，就会产生各种正确的和不正确的思想观念。要帮助同学去掉头脑中那些不正确的思想观念，就必须找到产生不正确思想观念的根源。然而，由于人的思想活动具有隐秘性，往往很难做到这一点，因而使得大学生干部工作呈现出复杂性。

（5）周期性。与高校学制和学期相对应，大学生干部工作也具有明显的周期性，且周期短，一般为一个学期或一个学年。但是，研究大学生干部工作的周期性时必须注意，这种周期性的活动不是简单的圆周运动，每一个工作周期到来时，在认真总结经验的基础上，要不断地分析新情况，研究新问题，采取新的方式和方法做好新的工作。

3）大学生干部工作的重要性

（1）是高校教学工作中不可缺少的部分。

教学质量与人才质量紧密地联系在一起，提高教学质量是高校的主要工作之一。加强教学管理是提高教学质量的有力保证，而大学生干部工作是具体实施教学管理措施的有力保证。

① 维护教学秩序。教学活动十分具体而又频繁，仅依靠学生干事、辅导员及任课老师远远不够，大量的具体细致的管理工作则依赖于大学生干部。离开大学生干部的努力工作，就很难保证教学活动的有序性和教学质量的提高。

② 沟通教学联系。在教与学的过程中，一方面，学生们会时常碰到这样或那样的疑难问题；另一方面，教师为了提高教学水平，也需要了解学生对教学工作的意见和要求。因此，客观上要求及时沟通教与学之间的需求。此间，大学生干部扮演着及时沟通教与学的重要角色，从而使教与学双方得到有效沟通，及时解决学生学习上的疑难问题，提高教师的教学水平，保证良好的教学质量。

③ 促进良好学风的形成。大学生干部组织广大学生开展一些学术研究活动，培养广大学生的学术研究兴趣和能力，同时，组织广大同学开展一些有益教学工作的活动，诸如百科知识竞赛、学习竞赛、学习经验交流、师生恳谈等。这些活动的开展，对形成良好的学风，无疑是不可缺少的。

总之，在教学工作中，大学生干部工作对于维护教学秩序、沟通教学联系、形成良好学风、提高教学质量有着不可替代的作用，是高校教学工作中不可缺少的重要组成部分。

（2）是高校管理工作中不可缺少的部分。

① 弥补学校管理工作中的人员不足。良好的校风和良好的校园秩序的形成离不开严格的管理，二者之间相辅相成，互为因果。广大学生是良好的校风和良好的校园秩序的直接体现者。要管理好由不同民族、不同风俗习惯、不同性别等组成的大学生群体，使他们养成良好的习惯，自觉维护校园秩序，光靠学校专职行政人员和老师显然是不够的，也是不切实际的。因此，大量的行政管理工作需要大学生干部去承担。学校的规章制度需要大学生干部去实施、去落实，特别是学生自我管理方面，大学生干部工作显得尤为重要。对于这些工作，大学生干部则完全有能力来承担，因为大学生干部有着庞大的队伍，可以弥补学校管理工作人员的不足。

② 弥补学校微观管理的不足。对于学校来说，要把学生在学习上、生活上等方面的规章制定得十分完整而具体，是很困难的。一般来说，学校只能从宏观上作出较全面的规定，在微观上就要求大学生干部做出有力的补充，这种补充主要体现在以下两个方面：

第一，创造性地执行学校的规章制度。即要根据实际情况，如不同专业，不同年级，不同性别，不同生活习惯，不同特长、爱好、兴趣，等等，在保证执行学校规章制度的前提下，制定出符合学生实际情况的实施细则，使学校规章制度落到实处。

第二，及时调控宏观管理。宏观管理的依据，归根到底来自实践。大学生干部较之学校行政干部来说，对学生的实际情况了解得更多；而且，学校宏观管理终归是为学生服务的。因此，大学生干部及时向学校反映学生的情况变化，可弥补学校调控宏观管理时的信息不足。

（二）加强大学生干部管理的途径

大学生干部提高自身的素质既是履行好自身职责，完成学校交给的各项任务的首要条件，也是把自己培养成社会主义事业接班人的内在要求。接受学校有系统、有计划、有目的的组织教育与考核是大学生干部提高基本素质的一条重要途径。怎样对大学生干部进行有效的组织教育和全面的考核，加强大学生干部的管理，也是摆在高校思想政治工作者面前的一个重要课题。

1. 加强组织教育

大学生干部既是干部，又是学生，其成长与进步同样离不开学校组织的教育与帮助。因此，大学生干部必须接受有系统、有计划、有目的的组织教育。当然，学校各学生工作部门也应该注意不能仅使用大学生干部而忽视对他们的教育。学校应把通过组织教育来提高大学生干部的基本素质纳入工作计划，作为培养合格的社会主义接班人的重要组成部分，从政治思想、理论修养、工作常识、基本技能等方面对他们进行全面、系统的培训。

1）马列主义理论教育

大学生干部是党在高校做好学生思想政治工作的得力助手，因此大学生干部自身需要有扎实的马列主义理论基础。学校方面可以采取举办大学生干部理论学习班等方式对他们进行行之有效的培训和辅导。对于大学生干部中要求入党的积极分子要及时组织相关培养，使之接受更为系统、深入的马列主义理论教育。

在学习马列主义理论的过程中，大学生干部应该紧密联系大学生的思想实际，避免为学理论而学理论的现象。大学生干部要从实际运用的目的出发，有针对性地、创造性地学习马克思列宁主义、毛泽东思想、邓小平理论、"三个代表"重要思想、科学发展观、习近平新时代中国特色社会主义思想。能够运用这些理论去正确地分析、处理工作中遇到的实际问题，善于用实践的观点、理论联系实际的观点、矛盾的观点、一分为二的观点等来指导自己的工作，以增强工作的正确性与艺术性。

2）世界观、人生观和价值观教育

大学生干部要圆满完成自己的使命，除具有坚定的政治立场、较好的马列主义理论素养外，还要树立正确的世界观、人生观、价值观。这些思想观念的形成，要靠大学生干部自己在平时的学习、生活、工作中自觉训练和加强，积极参加学校组织的有目的、有系统的教育和引导活动。只有树立起正确的世界观、人生观和价值观，才能对人生、对社会乃至整个世界各种现象持有正确的观点和态度。在这方面的教育与引导中，既可以采取讲座、报告会等方式集中统一地进行理论疏导，也可以采取观看电影电视、阅读文学作品、参观访问等方式进行情感熏陶。思想观念的教育只有与情感熏陶并进，才能收到较好的效果。

思想观念的教育与引导要有针对性。通过人生观及价值观的教育，大学生干部对自身工作的意义有进一步的正确认识，增强工作责任感，正确处理奉献与索取的关系，克服当干部怕苦怕累的思想。树立了正确的人生观与价值观，学生干部就会从艰苦、复杂的工作中品尝到无穷的乐趣，就可以从为广大学生服务中品尝到助人为乐、无私奉献的甜蜜。

思想观念的教育与引导，最后的落脚点是大学生干部要树立远大的共产主义理想、坚定的共产主义信念和高尚的共产主义情操。大学生干部肩负着十分特别的历史重任，在大学学习期间是党在高校各项工作的得力助手，毕业后将成为社会主义事业各条战线上的政治骨干与业务骨干，是党的干部队伍建设中的一支不可忽视的后备力量。因此，大学生干部必须认识到树立远大的共产主义理想、坚定共产主义信念、培养高尚的共产主义情操，这是社会主义向前发展对青年一代提出的必然要求。同时，这也是高校教育和培训大学生干部所要达到的一个重要目标。大学生干部与其他青年人一样，在成长发展过程中，易受外界因素的干扰，其理想、信念和情操也会发生波动和反复。因此，一方面，大学生干部要充分认识这一特点，自觉克服自身的弱点；另一方面，学校也要注意帮助大学生干部及时排除外界的干扰，特别是注意引导他们正确认识风云变幻的国际形势。

3）常识教育与技巧训练

大学生干部工作的效果与其所掌握的工作常识、工作技巧与方法是密切联系在一起的，因此对大学生干部进行系统、全面的工作常识教育和基本的工作技巧与方法的训练是十分必要的。

（1）掌握党支部工作的基本知识与方法。学生党支部的干部要熟悉党章，对党的基本知识要有全面的了解，要懂得党务工作的一些基本知识，因此要积极参加学校党组织举办的专门培训。此外，还要注意学会做细致深入的思想政治工作，善于了解他人，关心他人，及时发现问题，及时解决问题。只有这样，才能充分发挥每一个学生党员干部的作用，把学生紧紧团结在党的周围。比如发展大学生入党是一项艰巨而又重要的工作，它要求学生党支部的干部认真做好入党积极分子的培养与考察工作，这也就是要求学生党支部的干部要熟练地掌握党员发展工作的基本知识。因为，不懂得发展党员的基本知识，就不可能积极稳妥地做好党的组织发展工作，特别是不具备做深入细致的思想政治工作的能力，就不可能准确把握要求入党的积极分子的入党动机，组织发展工作便不可能有效开展。所以说，学生党支部的干部要在学校党组织的专门培训下，熟练地掌握好党支部工作的基本知识、工作方法与技巧，充分发挥学生党支部的战斗堡垒作用。

（2）掌握共青团工作的基本知识与方法。共青团系统的大学生干部要熟悉团章及团的基本知识，要善于把握青年工作的特点，善于团结号召青年。学校团组织要积极创办业余团校和团干部培训班、举行团干部经验交流活动等，为全面提高学生团干部的基本素质广辟途径，尤其要注意为学生团干部提供团内实践活动的良好环境。学生团干部要在学校团组织的培训下，努力学会做青年大学生的知心朋友，善于把握青年人的思想脉搏，善于做深入细致的帮教工作，及时向党组织反映青年人的思想、意见和要求，使自己真正成为党在高校各项工作中的得力助手。

（3）掌握管理工作的基本知识与方法。学生会、班委会及其他社团学生干部的培训应该紧密结合各自的工作职责、工作对象的特点来进行，重点是提高管理水平，增强组织、指挥与协调能力，以便大学生干部在学校管理、校园文化、体育活动等方面充分发挥各自的作用。

2. 加强组织考核

组织考核是提高学生干部基本素质的又一有效途径。它可以帮助大学生干部及时发现自身的不足，正确对待所取得的成绩，从而扬长避短，全面发展。考核大学生干部素质的途径很多，一般可分为学校组织考评、学生干部自评、学生考评三种，但应以学校考评为主。考评大学生干部基本素质的内容有很多，但应以考核思想政治素质、品德素质及心理素质为主。

1）思想政治素质的考核

考核大学生干部思想政治素质的方法有很多，但其中最有效的途径是对大学生干部的实际工作进行认真的观察和分析，透过现象把握其政治立场、观点、态度、世界观、人生观和价值观等。对于具有较好的马列主义理论水平，并善于在工作中用马列主义的立场、观点与方法去分析和处理问题的大学生干部，要肯定他们的成绩，并帮助他们进一步提高。对于马列主义理论基础还较差，在实际工作中一时还不能很好地用马列主义的立场、观点与方法去分析问题的大学生干部，要指出他们的不足，并及时给予帮助。

对于那些在政治立场、观点、态度等方面与党的要求相背离的个别或极少数大学生干部，要坚决地把他们从大学生干部的岗位上撤换下来，并对他们的错误言行进行严肃的批评和教育。对于大学生干部中存在的其他方面的不良现象及不正确的思想言论，要认真地分析和教育，帮助他们澄清思想、端正认识。实事求是地考核大学生干部的基本思想政治素质，既有利于学校增强对大学生干部培训工作的针对性、大学生干部选拔、使用的准确性，又有利于帮助大学生干部正确地认识自己、了解自己，从中受到教育，进而提高自身的思想政治素质。

2）品德素质的考核

大学生干部要履行好职责，除了要有坚定正确的政治立场外，还要有优良的品德素质。高校党的组织、领导及教师应该对大学生干部的品德素质进行经常性的考核，及时发现他们的不足，并帮助他们克服，使之成为名副其实的骨干。

考核大学生干部的品德素质要从工作作风、生活作风及是否敢于开展批评与自我批评等方面入手，要注重在实践中考核。衡量大学生干部是否有良好品德素质的标准归结起来主要有三条：

一是态度，即在工作上是否肯干、积极、认真和负责；

二是服务，即是否乐于把自己的长处与能力最大限度地用于工作，是否乐于奉献，乐于为全体学生服务；

三是律己，即在学习、工作和生活中是否严于律己，以身作则，勇于抵制不良倾向。

对大学生干部的品德素质作出实事求是的考评后，要将考评的结果通过适当的方式与途径反馈给大学生干部，使他们知道自己的不足及存在的差距，帮助他们在工作实践中不断地提高品德素质。

3）心理素质的考核

针对大学生干部的心理素质状况开展及时、有效的考核是十分重要的。大学生干部在工作中经常会遇到许多矛盾，需要处理好各种复杂的关系，如学习与工作的关系等，如果没有丰富的情感和顽强的意志，就很难做到大胆开拓、勇于克服各种困难而创新。如果没有较强的指挥、协调能力，就不可能很好地把学生组织起来，也不可能得心应手地处理好各种具体的工作关系和矛盾。一个大学生干部是否有顽强的意志、丰富的情感，是否有宽厚的胸怀来承受各种打击，是否有熟练的指挥协调能力，都可以从他的具体工作中反映出来。

因此，学校领导和教师要注重从工作实践中考核大学生干部的心理素质，才能对大学生干部的心理素质有客观的评价，有的放矢地帮助他们在实践中锻炼自己，逐步形成良好的心理素质。

第二节　大学生制度与体制管理

一、大学生制度

在我国古代，制度是法令、礼俗的总称。现在，制度通常是指关于整个社会组织或某一事项的整套的行动准则。

管理这种职能活动，是伴随着人类社会有组织活动的出现而产生的。凡有人群活动的地方，为了有序而又有效地组织生产、学习、工作和生活，必须制定出能够调整人们相互之间关系的行为规范或行动准则，这既是管理的需要，又是管理职能的具体体现。大学生思想政治教育和管理制度是大学生的行为规范，因此，建立一套系统而完整的大学生思想政治教育和管理制度是十分必要的。

（一）建立大学生教育和管理制度的意义

我国高校的规章制度是党的优良传统和社会主义道德观念、行为观念、行为规范（即国家法规）、是非标准等在大学生日常工作、学习和生活等方面的具体体现。它是全体大学生必须遵守的行为准则，是培养自觉的纪律性、培养共产主义道德品质和形成良好校风的重要手段，是实行科学管理、办好社会主义大学的重要保证。所以建立大学生教育和管理制度，对办好社会主义大学具有以下几点意义。

1. 有助于充分发挥学生的积极性

大学肩负着培养社会主义事业的建设者和接班人的历史重任。为了完成这一光荣使命，高校就必须建立起符合大学教育工作客观规律、符合现代管理原理、充分体现党的优良传统和社会主义道德观念及行为规范的系统的大学生思想政治教育和管理制度。这样，就能把全校学生的积极性发挥出来，形成一种远比个人力量总和大很多的集体力量，办好社会主义大学。

2. 有助于建立正常的学习、工作和生活秩序

现在的大学，少则上千人，多则数万人，而且是一个多层次、多学科、多系统、多结构的复杂的综合体。大学生工作专职人员要把每个成员的智慧和力量最优化地组合起来，就必须在加强政治思想工作的基础上，建立起一整套的规章制度，使学生有规可循，有矩可蹈，做到学习、工作和生活井然有序。

3. 有助于培养学生高尚的道德品质，形成良好的学风

社会主义的精神文明，是社会主义的重要特征，是社会主义制度优越性的重要表现。思想建设决定着精神文明的性质，因此，要培养学生具有马克思主义的世界观，共产主义的理想、信念和道德，为人民服务的献身精神，以及共产主义劳动态度，必须建设科学的、与时俱进的大学生管理制度，这对培养学生高尚的道德品质和良好的学习、工作及生活习惯，无疑是意义重大的。

（二）大学生教育和管理制度的基本要求

建立大学生思想政治教育和管理制度必须符合以下几点要求。

1. 政策性

政策性是指大学生思想政治教育和管理制度必须同党的路线、方针、政策和体现党的路

线、方针、政策的国家的法律、法令、条例、决议、指示、规章、规程，尤其是党和国家的教育方针保持高度一致，而不能有丝毫的背离。党的路线、方针、政策和国家的法律、法令、条例、决议、指示、规章、规程等，是一个国家总的行为规范，是指导全局的，是制定大学生思想政治教育和管理制度的依据。大学生思想政治教育和管理制度则是党的路线、方针、政策和国家法律在大学生日常学习、工作和生活诸方面的具体化。局部必须服从全局，否则就会迷失方向。

2. 整体性

按照现代管理学观点，国家是一个系统，教育是国家的子系统，学校是隶属于教育的子系统，学校各部门是隶属于学校的子系统。系统是有组织、有层次的，各组成部分都是为了一个共同目标而形成的有机整体。大学生工作专职人员必须树立全局观点，正确处理局部与全局的关系，正确处理学生的学习和课外活动的关系，以及团组织与学生会工作之间的关系等。在处理各种关系时，必须使整个系统处于协调状态，唯此方能发挥整体的最佳功能，达到教育管理的最佳效果。

3. 民主性

民主性是指大学生思想政治教育和管理制度必须符合广大学生的根本利益，并获得广大学生的积极拥护和支持。我国是社会主义国家，人民是国家和社会的主人，党和国家的一切政策、法令都是以是否符合广大人民群众的根本利益、是否获得广大人民群众的积极拥护和支持为最高标准的。一切损害人民群众根本利益的政策、法令或行为，必将遭到人民群众的坚决抵制和反对，失去立足点。学生是管理的对象，又是管理的主体，在制定学校规章制度时，必须从学生中来，到学生中去，广泛听取学生意见，做到集思广益，紧紧依靠广大大学生把教育和管理工作做好。

4. 科学性

科学性是指大学生思想政治教育和管理制度必须符合高等教育的客观规律。任何领域都有其自身的规律，大学生思想政治教育和管理制度也不例外，如教育和管理中与学生的年龄相适应的规律，思想政治教育中知、情、意、行活动过程的规律等。一定要认识和严格遵守这些客观规律，才能实行科学管理，充分调动各方面的积极性。同时，还要善于借鉴现代科学管理理论，不断总结高校思想政治教育和管理经验，把行之有效的传统管理经验与现代管理理论有机地结合起来，只有这样才能不断提高科学管理水平，提升管理效率。

上述基本要求，既有各自的独立性，又相互紧密地联系在一起。只有严格遵照这些基本要求而制定的规章制度，才是经得起实践检验而又有强大约束力和教育意义的制度。

二、大学生体制管理

（一）大学生行政体制管理

建立一套完整的大学生行政管理工作体制是做好大学生管理工作的重要保证。高校的整个行政管理体制是一个大的系统工程，而学生行政管理体制，只是整个系统工程中的一部分，或称为一个子系统。为了使学生行政管理工作能够跟上形势的发展，适应实际工作的需要，有必要对学生行政管理工作体制做进一步的分析，以便加强体制建设，逐步提高学生行政管理工作的水平。

1. 大学生行政体制管理的内涵与现行模式

1）大学生行政体制管理的内涵

为了正确认识大学生行政管理工作体制，首先有必要正确地了解大学生行政管理工作体制的内涵是什么。简而言之，体制包含机构设置与权限划分两方面的内容。学生行政管理体制，主要体现在学生行政管理工作的机构设置与权限划分两个方面。

在高校，学生行政管理工作是学生工作的一个重要部分，而学生行政管理工作又可分为：学生的教学管理、学籍管理、生活后勤管理、治安管理、课外生活和校园秩序管理等。因此，所讲的体制，不仅应体现这些工作职能的权限划分，还应考虑为完成这些职能而建立的机构。所以围绕着对学生从入学到毕业的在校阶段的管理，围绕着对学生学习、生活、行为规范而设置的机构与职能权限的科学划分，就是学生行政管理工作体制内涵的反映。

2）大学生行政体制管理的现行模式

随着教育事业的发展，学生行政管理工作的体制不断完善。"文化大革命"结束后，高考招生制度的恢复、高等教育事业的不断发展使高校的规模得到了扩大，高校的领导体制，包括学生行政管理工作体制也发生了变化。从大学生行政体制管理的变化看，可归纳为以下4种模式：

（1）散在模式。学生行政管理工作由学校各部处及有关机构各司其职，实施行政管理的职能。这一模式，在校级、系级、年级（班级）三级组织机构设置方面，沿袭历史上的"直线职能参谋组织形式"，一般来说，未增设新的行政管理机构。但在职能和权限划分方面，分权化的组织管理制度强化，促使整个行政管理工作有规律、有节奏地顺利运转。

（2）专兼模式。学校建立了学生处，学生处成为学生行政管理工作的主体之一，而其他各有关部处，兼相关学生行政管理职能，整个学生行政管理工作呈现专兼结合、齐抓共管的局面。这一模式，在校级建立了专门的、独立的学生行政管理机构——学生处。系级学生行政管理机构的设置各校情况不一，有的学校在系级设立了学生办公室，专门负责学生行政管理工作，有的学校系部行政机构设置维持原状。在年级（班级）基层组织一级仍由辅导员（或班主任）负责管理，少数学校在年级设立了学生办公室。

目前，全国有许多高校采用这一模式，在校级设立了学生处。但在学生处的职能和权限划分方面却不尽相同，大体上有以下3种情况：第一，学生处不仅负责学籍管理的全部行政工作，还作为职能部门负责奖励与处分，配合有关部门负责课外活动、校园秩序的行政管理，并承担每年的招生工作与毕业生就业工作。第二，学生处负责学籍管理中的大部分内容，还负责每年的毕业生就业工作，而招生工作则由招生办公室承担。有关学生的教学管理，如成绩考核与记载工作、升级与留降级工作等由教务处负责，其他的权限划分同第一种。第三，学生处除负责与第二种情况相似的职能外，还负责部分的生活后勤工作，如宿舍管理等。

（3）复合模式。学校在校级建立了学生部和学生处，部处合一，实行"一套班子、两种性质"的工作模式，成为学生行政管理和思想政治教育的主体。这一模式，有的大学在系级设立了学生办公室，主管学生行政管理工作和思想政治教育工作，有的大学视情况设立了学生年级办公室，负责本年级学生行政管理和思想政治教育工作。

（4）各部处模式。学校建立了学生工作指导委员会或学生工作领导小组，委员会下设实体性的机构——学生工作办公室，办公室兼有协调、指挥各部处执行学生行政管理的职能和思想教育的职能。各部处在学生工作办公室的指导下，照常履行原来承担的有关行政管理工作的职能与权限。系与年级组织机构无重大变化。

上述模式中，有2个共同的特点：一是管理机构的组织形式均采取"直线职能参谋组织形式"，二是分权管理形式增强。

2. 大学生行政体制管理的模式特点

目前，大学生行政体制管理各种模式机构设置不尽一致，权限划分各有差异，每种模式也各有特点，具体如下。

1）散在模式

这一类型的高校，多数是在校学生不太多，校领导有较多精力关心学生工作，各级学生行政管理机构干部配备较强，所以，它沿袭历史上我国大学生行政管理工作体制，有以下特点：

（1）采取"直线职能参谋组织形式"。这一模式中，校长是唯一的行政负责人，有全面的领导和指挥权，对一切工作都负有全面的责任。各职能部门按照校长的要求，在业务上负有指导下属部门的权力和责任。各级组织在行政上相对独立，可充分发挥主动性。这样既保持了统一领导，又充分发挥了各职能部门的积极性和主动性。

（2）分权管理制度加强。在新形势下，为了适应学校管理的要求，学校将有关行政管理权限下放，如学生行政处分权，记过以下的处分由系级部执行；如学生的奖学金金额，部分的单项活动或班、系活动奖励及补助系级部有权决定，这也有利于调动各级组织的积极性，促进行政管理工作的高效运转。

（3）兼容一体，易于协调。这一模式无新机构设立，许多相互交叉、相互渗透的工作，依然处于一个处室，如学生生活管理工作由总务处负责，学生学籍管理的许多工作由教务处负责。

2）专兼模式

这是从散在模式发展而来的，因此，它们之间特别是在权限划分上有许多相似之处。由于在校级建立了学生处，在较大的系级建立了学生办公室，所以学校中出现了学生行政管理体系，同时，也明显地反映出以下几个特点。

（1）学生工作统筹安排，全面协调能力增强。专管学生工作的学生处对学生行政管理工作及有关学生工作情况负有全面关心、通盘考虑、及时汇总、向上报告及建议的责任，并能在校长的领导下，对各行政部门工作中出现的矛盾、问题时及时参与协调。

（2）有利于队伍素质提高，稳定性增强。由于专管学生行政管理工作的部门以体系方式出现，使学生行政管理工作机构、人员稳定性增强，方针、政策、规定的连续性加强，工作方法的创新、理论研究的开展、工作经验的积累、管理人员的业务素质趋于上升势态。

（3）学生行政管理工作的应变能力增强。在新的形势下，学生行政管理工作不仅要有正确性、规范性，还应讲究时效性。建立了专司学生行政管理的工作体系，就能有一批长期专门从事学生管理的工作人员，他们能较正确地掌握党的方针政策，全面了解学生情况，遇事能及时向领导提供各种情况和选择方案，以便领导准确决断。

3）复合模式

它由专兼模式进一步发展而来。由于学生处和学生工作部实现了两块牌子一套班子，因而它有一个明显的特点，即在组织机构上实现了学生思想政治教育和学生行政管理的结合，改变了长期以来行政管理和思想教育相分离的状况，使对学生的言和行、想与做的教育统一在一个部门，使学生的学籍管理、课外活动、校园秩序、奖励和处分等学生管理工作基本上由一个职能部门来承担。

4）各部处模式

它既同散在模式相似，又同复合模式相近，它唯一的特点是兼指挥和执行于一身。由于它有居于部处之上的职能部门——学生办公室，所以既可以指挥行政部处，又能协调各种关系与矛盾；既能够抓行政管理工作，又能抓思想教育工作。

3. 大学生行政体制管理的成效

大学生行政管理工作的成效，取决于两点：一是领导和干部队伍，二是管理体制。当前有一批较长时间从事学生工作的同志，他们有能力、有水平、有积极性与创造性，虽然管理体制不够完善，但凭借这批骨干的创造性努力，高校的学生管理工作取得了很大成绩。随着社会的发展和新形势下对大学生管理工作要求的提高，还需要改进工作、完善政策、健全体制。

行政体制管理成效是由这个学校的历史与现状、领导与干部队伍的素质和结构、教师与职工的思想水平与觉悟、学校的任务和条件等形成的综合因素决定的。只有当一个具体模式适合这个学校的情况，并能创造出最优成绩时，才是最佳的选择。

从学生管理体制发展的趋势来分析，选择具体模式应考虑两个问题：是否需要建立专门的学生行政管理体制，是否需要实行学生行政管理工作与学生思想政治工作相结合的管理体制。对这两个原则性问题的回答是肯定的，这也是今后加强学生行政管理体制的原则问题。

第一，人的思想和行动是不能割裂的，人的行动受思想的支配，而思想又需要实践的检验。要规范人的言行，首先应抓思想教育，要了解一个人的思想，必须先了解他的行动。所以，对学生的思想、言论和行动的教育、管理，只有真正地从组织上、思想上结合起来开展工作，才能改变二者割裂的现象，才能取得工作的最佳效果。

第二，学生行政管理工作是培养学生成为德、智、体、美、劳全面发展的社会主义建设者和接班人的一项重要工作。它对在校学生的学习、生活、行为起着规范作用，不仅需要一支具有一定理论水平和一定实践经验的稳定的干部队伍，还需要逐步建立一套专门的行政管理体制，否则难以适应当前形势下学生管理工作的要求。

第三，高校担负着培养青年学生的重任，只有将学生行政管理工作和学生思想政治工作相结合，只有建立一支专门的学生管理工作队伍和一套专门的学生行政管理工作体制，才能培养出理想信念坚定的合格人才。

（二）大学生思想品德教育体制管理

我国大学生思想品德教育实行的是综合管理体制，这种体制主要由以下 2 种制度构成。

1. 专职干部责任制

高校专职党团干部是党的教育方针与政策在各单位的综合贯彻执行者，是对学生进行各种思想品德教育管理的设计者，是发动全体教师教书育人的组织者。因此，专职干部在学生思想品德教育管理中发挥着不可替代的作用。学生专职干部主要指担任党团职务，专门从事学生教育管理工作的干部，包括学生工作部（处）或宣传部、校团委的干部，各系主管学生工作的党总支（分党委）副书记、团总支（分团委）干部等。专职干部一般按学生人数的 1∶150 配备，不足 150 名学生的单位可根据实际工作情况考虑。专职干部在学校党委的领导下，具体由学校主管部门和各系党总支共同管理。他们除根据实际表现和工作需要晋升职务外，同时，还作为学生思想品德课教师，在晋升专业职务方面享受与其他业务教师同等待遇。

1）专职干部的职责

（1）开展学生思想和学生工作的调查研究，根据全局形势，结合学校的实际，进行正确决策，统一制订本系统学生思想政治教育、管理工作计划，保证学生思想品德教育管理工作的整体性与系统性。

（2）负责安排、协调、组织开展党团教育、政治学习和日常思想品德教育管理各项活动。按照教育部的要求，专职干部要讲授或辅导思想品德课，并负责组织形势教育、大学生思想修养教育、人生观教育、法治教育、职业道德教育、毕业教育与就业教育等思想品德课程的教学工作；负责指导年级主任、兼职辅导员（或班主任）、研究生政治导师的工作，包括制订工作计划、提供有关信息和教育材料、检查总结，以及负责评比优秀教育工作者等工作；负责指导学生干部的工作，关心学生干部的培养教育，具体指导团组织、学生会开展各项教育管理活动。

（3）依靠年级主任、辅导员（或班主任）、研究生政治导师和学生干部，正确执行有关学生的各项政策，指导并做好学生的思想品德考核、毕业鉴定与考核，以及评定三好学生、奖学金、优秀学生干部、优秀团员、先进班集体、贷学金等工作，负责做好学生的就业及派遣工作。

2）担任专职干部应具备的条件

专职干部主要从毕业生或青年教师中挑选。从事学生教育管理工作的干部必须具备以下几个条件：

（1）坚持四项基本原则，积极拥护、努力贯彻党的路线、方针、政策，在政治上同党中央保持一致，一般要求是中共党员。

（2）热心思想工作，热爱、理解、熟悉青年学生，联系群众，作风正派，坚持原则，办事公正，严于律己，为人师表。

（3）具有一定的社会工作经历和组织管理能力、表达能力、调查研究能力，能独立开展工作。

（4）具有大学本科以上文化水平，业务成绩优良。

2. 教师指导学生责任制

教师在教育学生的过程中起着主导作用。调动教师教书育人的积极性是抓好学生教育管理工作的关键。除了要求所有教师在教学过程中为人师表、严格要求、注重学生思想品德教育之外，还有这里说的教师指导学生责任制，即要求一部分教师在完成自己教学、科研工作的同时，兼做一个年级或一个班的学生教育管理工作，包括年级主任、辅导员或班主任、研究生政治导师（以下统称指导教师）。

指导教师中的兼职辅导员或班主任可以采用分段制（即一、二年级为一段，三、四年级为一段），也可以实行四年一贯制。人数在 120 人或 120 人以上的年级应配备年级主任，负责组织、协调本年级的工作，不满 120 人的年级可根据情况按专业或系配备年级主任，年级主任在任职期间以学生教育管理工作为主，也可适当担任少量的教学、科研工作。研究生政治导师根据研究生人数按 1∶40 配备，其待遇与业务导师相同。

指导教师由学校人事处、宣传部、教师工作部门、学生工作部门和所在院系党总支组成的领导小组共同管理。人事处负责把指导教师的工作表现与教师出国、进修、晋升专业职务等政策挂钩；宣传部负责指导教师的自身提高、评比先进、总结交流工作经验等工作；教师工作部门负责把指导教师的工作表现与教师教学工作量、课时酬金的发放挂钩；学生工作部门与系党总支负责对指导教师的工作进行指导与考核。

指导教师由教研室负责考察挑选，由系党总支进行行政审核，报学校批准并颁发聘书。聘期一般为两年一期，可以连聘连任，无特殊情况未经批准不得随意更换，以保证工作的连续性。

1）指导教师的职责

（1）努力贯彻党的教育方针，对加强学生思想品德教育管理的目的、意义认识正确，严于律己，言传身教，引导学生德、智、体、美、劳全面发展。

（2）负责指导学生团支部、班委会开展各项有益的活动，负责组织本年级（或班）的政治学习、组织生活、班务会议，做好日常的思想教育管理工作，保证学校各项教育管理计划、措施、制度在基层的贯彻落实。

（3）负责执行本年级（或班）学生的思想品德考核，评比三好学生、奖学金、优秀学生干部，推荐免试研究生及毕业生就业等有关政策，对发展学生党员提出建议。

（4）指导学生开展有关业务学习、课外科研、学术交流等活动。

2）担任指导教师应具备的条件

（1）坚持四项基本原则，对党的教育事业忠诚，品德高尚，作风正派，能做好学生表率。

（2）有一定的社会工作能力和从事思想教育管理工作的经验，责任心强。

（3）有一定的学术水平，教学效果好，在担任指导教师期间，担任本年级（或班）一门业务课的教学工作。

建立指导教师责任制是发动教师做学生思想教育管理工作的重要措施。由于大多数教师都有自己的教学科研任务，并且面临业务水平的提高与专业技术职务的晋升等方面的压力，加上学生工作投入大，收效慢，工作难度大，耗费时间多，使得大学里许多教师不愿意担任指导教师的工作。造成这种状况的原因是多方面的，应端正办学方向，提高全体教师对加强德育教育的认识，同时，要制定具体的措施，在政策上解除教师的后顾之忧。只有把教师的积极性充分发挥出来，把培养学生良好的思想品德作为全体教师自觉的行动，大学生工作才能创造崭新的局面。

第三节　大学生自我管理与民主管理

一、大学生自我管理

大学生的自我管理，简而言之，就是学生自己管理自己，其目的在于激发学生在管理中的主人翁精神。它是学生根据教育目的和培养目标的要求，运用现代科学管理方法，为实现个人管理有效地调动自身的能动性，训练和发展自己的思维，规范和控制自己的言行，完善和调节自己心理活动的过程。学生自我管理就其方法来说，可分为学生个体自我管理、集体自我管理和参与性自我管理。

（一）学生自我管理的特征

1. 对象特征

对象特征即管理与被管理两者的统一。学生自我管理同其他管理的根本区别在于，其他管理活动强调对他人或他物的管理，而学生自我管理则是行为发起者作用于自身的活动过程。自己既是管理者又是管理对象，这是自我管理最基本的特征。进行自我调节和控制，是学生自我管理的实质所在。

2. 过程特征

过程特征即自我认识、自我评价、自我控制、自我完善四位一体。在学生自我管理过程中，从目标的建立到组织实施，再到调节控制，以及不断完善，融于学生一体。学生在认识社会、他人和自己的基础上设计自己，在管理过程中评价、控制自己，最后达到目标的实现，到此也就完成了学生自我管理的一个循环——不是简单重复，而是在社会、个人的动态环境中螺旋式上升。

3. 内容特征

内容特征即不同的时代具有不同的内容。此特征有以下两个方面的含义：一是生活在一定社会条件下的人，其思想水平、知识水平和心理素质就被打上时代的烙印，学生也是如此；二是学生自我管理的目标及其社会意义具有鲜明的社会、政治、经济和文化特征。今天，社会为自我管理提供了汲取营养的现实土壤，而作为新时期的高校大学生，就应该热爱祖国，热爱人民，追求真理，锐意进取，艰苦奋斗，乐于贡献。

（二）学生自我管理的原则

从整体上说，学生自我管理不完全取决于个人愿望和努力，它必须反映社会和学校的需要，必须受到社会条件和学生管理制度的制约，符合社会道德规范，同学校培养目标一致，并置身于社会管理和学校管理之中。学生自我管理集主客体于一身，具有它的特殊性。所以，它除了遵循一般管理原则之外，还应遵循以下几个原则。

1. 自觉自愿原则

学生自我管理是学生自己管理自己的一种管理方式，从管理内容的制定、目标的确定和实施到信息反馈、总结纠正等，都由学生自己编排，要自觉自愿。当然，自觉自愿也不是放任自流，为了保证自我管理的正确方向，学生在自我管理时，必须接受学生管理部门的指导和必要的约束。对集体自我管理来说，必须注意吸收全体学生参与管理工作，充分调动和发挥每个人的聪明才智。

2. 认识评价原则

学生在进行有效的自我管理之前，必须全面认识自己及其所在班级、学校乃至整个社会的现状。要参与就必须认识，同时，只有参与，才能认识更全面。学生自身的政治素质、文化素质、心理素质、身体素质和社会阅历是自我管理的内在条件，而班级、学校的状况、目标、任务、结构和功能，国家政策，经济文化背景和社会规范等是自我管理的外在条件，只有正确认识社会，客观评价自己，才能使自我管理切合实际。

3. 严密性与松散性相结合的原则

所谓严密性，对集体自我管理是指应当有相对稳定的组织、明确的宗旨、科学可行的计划和管理制度，有相对稳定、水平较高的骨干力量；对个体自我管理则是指目的明确、计划周密、心理状态良好。所谓松散性，是指在严密性的前提下，对学生自我管理的时间、地点、参加人员、活动内容及形式可做一些选择。这里的"严"与"松"是辩证统一的，如果没有明确的目的、严密的组织、严格的制度和较好的管理者，集体的共同利益就难以维护，教育的目的也难以实现。因此，学生在自我管理中要强化集体意识，自觉服从、维护集体决议，模范地做好集体工作，只有这样，才能保证学生自我管理沿着正确的方向而不失控。同时，由于大学生群体内部结构层次的复杂性，在保证集体利益和共同要求的前提下，要尊重学生的个性，促进学生个性发展。同学之间要提倡互相尊重、互相学习，在相互帮助中共同进步。

（三）学生自我管理的作用

学生自我管理有以下两个作用：

1. 有利于学生健康成长

青年学生正处在心理的转折期、自我发现期，他们强烈希望自己的意志和人格受到外界的尊重，具有强烈的参与意识，而学生自我管理则恰恰满足了他们的这种心理愿望，从而促进其心理的健康发展。他们心理的健康，有利于学校的稳定。但是，由于学生世界观、人生观尚在形成过程中，他们在复杂、动态的环境里，也必然会受到各种错误思想的干扰。要有效地消除这种消极影响，除了学校、社会和家庭的教育、指导外，作为学生自己也要加强理论、思想修养，在自我管理的实践中提高辨别和抵制错误思想的能力，使自己健康成长。

2. 有利于增强学生适应社会的能力

一方面，由于目前我国还存在着教育与实践相脱节等弊端，以致许多学生动手能力和创造精神较差；另一方面，学生最终都将走向社会，接受社会检验，随着人才市场需求关系的变化，社会对学生的知识水平、知识结构、专业技能及走上社会的适应能力提出了更高的要求。因此，学生要想毕业后在复杂的社会环境中既能适应社会的要求，又能有所作为，必须在学生时代利用一切可以利用的机会，有针对性地实施自我管理，逐步缩小所学知识与社会需要的差距，不断增强自我认识、自我评价、自我控制能力，实现自我完善，为将来走出校门后尽快地适应社会奠定坚实的基础。

（四）学生自我管理的内容

学生自我管理的内容是由时代对大学生的要求和历史赋予他们的使命决定的，概括起来主要有思想素质、业务素质和身心素质三个方面的自我管理。它们之间是相互作用、相互渗透的辩证统一体。下面仅就业务素质的自我管理做简单的阐述，具体如下：所谓业务素质的自我管理是指学生在老师的指导下，通过积累知识、发展智力和锻炼能力而进行的管理。

1. 要树立正确的成才观

学生的成才，不仅是由他的知识、智力决定的，更主要的是由其正确的学习目的和勤于奋斗的精神所决定的。那些极端利己、自私的人，那些从自我出发，把个人利益置于集体利益、国家利益之上的人，不但不能成才，还可能会成为社会发展的阻碍。只有那些具有远大理想和抱负的人，才会使知识、智力、素质、觉悟在自身中得到统一；只有那些把自己的前途和国家命运、民族未来紧密联系起来的人，才会在未来的事业中有所成就。

2. 要掌握学习规律，完善知识结构

学生的主要任务就是通过艰苦而复杂的脑力劳动，不断增长知识，提高能力，掌握学习规律，完善知识结构。课堂学习是学生接受教育的主要途径。预习、听课、复习等是学生课堂学习的主要环节，也是学生加强自我管理的重要方面。知识包括书本知识和实践知识。要学习实践知识，就要深入下去，投身于实践，向社会学习，在实践中积累和完善自己的知识。同时，还要完善和优化智能结构。

（五）学生自我管理的途径

学生自我管理是学生在家庭、社会和学校管理教育的灌输、诱导、组织、指导下进行自我规划、自我调节、自我教育和自我完善的过程。由于人和社会环境的复杂性，学生实现自我管理的途径、方法也是多种多样、纵横交织和不断发展变化的。

1. 加强学校民主建设，促进学生自我管理

学校民主建设的本质是把广大教师、学生真正看作是学校的主人和学习的主体。在学校提倡科学，崇尚民主，为师生创造民主地参与管理的机会，让他们在工作和学习中感到自己是社会的主人，是学校的主人，激发起稳定的、持久的自觉性和主动性，这样，学校才能有凝聚力，才能树立良好的学风、校风。如果学校不能顺应和满足学生的心理要求，仍然把他们作为纯粹的管理对象，采取命令式管理，那么只能压制学生的能动性，伤害学生的自尊心，其结果只会引起学生的不满。事实证明，良好的学风、校风的形成，不单单是靠行政管理的强制力量，而是靠群体的力量，靠群体规范和舆论这样一种无形的力量。因此，民主建设是学校培养人才的前提和保证，制度管理是加强高等学校民主建设、创造良好校园环境的保障。

我国高等学校的管理制度近年来逐步完善。这些制度明确了学生的道德和行为准则，为学校的日常教育、管理工作提出了一套章法。广大学生在思想教育和制度的约束中，不断调节自己的思想、行为，逐步把外压力变成内驱力，自觉遵守制度，自觉维护制度，才能取得显著效果。民主管理要公开、平等。学生主体意识、平等意识的增强，要求学校的管理工作要公开、平等，以取得相互理解、尊重和信任。

在管理中，学校要尽量为学生创造知政、议政和参与管理的场所和条件，扩大和完善学

生参与管理的渠道，发挥他们在管理中的作用。学生参与学校管理，有归属感和主人翁感，能发挥集体的智慧，使决策更正确。同时参与管理也是调动学生积极性、培养学生能力、扩大学生与管理部门联系的好办法，可以提高人的素质，实现民主管理。人是管理的核心，提高人的思想、道德、知识素质，是完善学校民主管理的首要条件。学校要加强思想政治教育课的教学，充分发挥党团组织的作用，发挥管理者、教师的作用，要鼓励学生参加教育改革，激励学生自爱、自强，采取各种形式帮助学生明确民主与集中、自由与纪律的关系，使学生增强民主意识，树立正确的世界观和人生观。只有当学生有了"精神能源"后，学校民主管理才会有坚实的基础。

2. 搞好学生组织建设

学生组织主要是指校、系、班级的学生会或班委会、团组织和其他社团组织。这些组织是学生自我教育、自我服务、自我管理的主要形式，也是学校做好学生管理工作的保证。

加强学生组织建设，就要选好、用好学生干部。学生干部来自学生，他们既是受教育者和被管理者，也是学校管理干部的助手，还是学生活动的直接组织者和学生基层组织的管理者。要建设一个良好的集体，必须有一批优秀的学生干部，选好、用好学生干部对于学生管理工作至关重要。

加强学生组织建设，就要发挥学生组织的教育、管理功能。学生组织是学校系统中的一个子系统，加强组织建设，目的就是要发挥其作用。在教育方面，学生组织可以通过组织学生学习理论知识、时事政治、业务知识，通过举办演讲会、座谈会、报告会，组织学生参观、访问、调查和参加劳动等活动，帮助学生共同探讨理想与现实、自由与纪律、民主与集中、权利与义务、学习与工作、事业与爱情、个人与集体等方面的关系。依靠正确的导向，可以在学生中形成追求进步、关心集体的舆论，形成刻苦学习、勇于进取的良好学风，形成遵守法律、讲究道德的文明环境。在管理方面，学生组织要依据管理制度，配合教师和学校的管理干部，做好组织协调工作，提高管理效能。在服务方面，学生组织既要为学生服务，也要为学校服务。

加强学生组织建设，就要改进管理方法。方法是完成任务、实现目标所必不可少的手段，任何组织要实现管理目标，没有良好的方法，必然事倍功半。反之，管理方法得当，就会事半功倍。可见，采取好的管理方法，是提高效率的有效途径。学生组织的自我管理也不例外，一般来说，在学生组织的自我管理中，制度管理法、榜样示范法、正面激励法、民主管理法等都是不可缺少的部分。

3. 加强社会实践活动，完善学生自我管理

加强社会实践活动，就要做好教学过程中实践环节的自我管理。大学生的根本任务是学习并通过学习提高自己的智力和能力，而教学过程中的实践活动正是学校为了使学生把所学到的知识运用于实践所安排的。作为学生，只有扎实地掌握本专业的基础知识、基本理论和基本技能，才能成为合格的学生。所以，做好教学过程中的实践环节，是学生自我管理的首要问题，每个学生都要根据自己专业的特点和实践要求，自觉地参加实验、实习、考察和劳

动等实践环节，并做到勤学习、勤动手、勤思考、勤总结，努力提高自己掌握和运用知识的能力。

加强社会实践活动，还要做好校内外实践活动的自我管理。校内外实践活动是教学环节的开拓和延伸，也是充分发展学生爱好、特点和长处的好途径。搞好校内外实践活动自我管理有以下4点：

一是根据自己的爱好和特长，组织或参加学校的社团活动，培养自己自主、自强的责任感，培养自己适应社会发展所需要的素质。

二是积极组织并参加学校开展的各种竞赛活动，在活动中培养自己的参与意识、竞争意识和集体意识，锻炼自己的组织能力和社交能力。

三是充分利用假期，开展社会调查和进行各种形式的社会服务，在参与中了解社会，坚定信念，促进自己的全面发展。

四是完善管理制度和管理措施，克服松散管理和多重管理现象。

学生自我管理的途径和实现自我管理的方法很多，无论采取哪种途径和方法，管理效果都取决于社会、学校的关怀和支持，同时也取决于学生自身的努力和修养。大学生只有在学校、家庭、社会的教育、管理指导下，树立崇高理想，加强道德修养，善于学习，勇于实践，坚持把个人理想同社会需要、把个人命运同祖国前途结合起来，自我管理才能卓有成效。

二、大学生民主管理

大学生既是建立良好校园秩序的主体，也是建立良好校园秩序、达到培养人的目的的客体。建立良好校园秩序的目的是培养人，必须通过大学生内心的响应，通过大学生自身的积极性和主动要求，才有可能实现这一目的。

在社会主义国家，公民不仅是社会管理的对象，而且是社会管理的主人。因此，在高等学校里，大学生参与民主管理，既是主体与客体统一的体现，又是我国大学的社会主义性质的体现。

（一）民主管理概述

1. 大学生民主管理的定义

大学生民主管理是指根据社会主义民主的本质，运用社会主义民主的形式，充分调动并发挥大学生内在的积极因素和自主精神，在学校行政管理人员的领导下，组织大学生参与管理，达到培养德、智、体、美、劳全面发展的"四有"人才的目的。大学生参与民主管理具有社会主义方向性，离开了社会主义的方向，管理就失去了目标，也失去了意义。大学生民主管理采用社会主义民主的形式，是民主集中制的民主，而不是无政府主义和极端民主化的民主。

大学生民主管理是高等学校大学生管理系统中的子系统，是大学生管理的一种形式，它的基本作用是参与和监督。大学生在学校领导和老师的指导下，既可参与行政管理部门的管理，又可管理学生自己的事务。

2. 大学生民主管理的必要性和可能性

校园秩序的一个重要方面是大学生的学习和生活秩序，建立良好的校园秩序要靠学校的科学管理，但如果没有大学生的参与和管理，把建立良好的校园秩序只作为学校的事情，那么，良好的校园秩序就难以建立，所以调动大学生参与民主管理的积极性，是建立良好的校园秩序的需要。发动大学生参与民主管理不仅可以提高管理效能，而且可以在管理实践中提高他们的才干，这正符合培养目标自身的需要。

当代大学生自主意识较强，对被人管理往往持反感态度。但是实践证明，他们的"自主"往往带有很大的随意性，没有学校的严格管理和引导，不利于他们的健康成长。当代大学生的参与感很强，愿意通过参与管理来提高自己的才干和能力。因此，调动大学生参与民主管理的积极性，既是可能的，也是必要的。

3. 大学生参与民主管理的意义

通过让大学生参与民主管理，使大学生在实践中接受社会主义民主教育，培养大学生正确的政治观点、正确的社会主义民主意识和民主精神，对于培养社会主义一代新人、对于全社会政治上的安定团结都具有十分重要的意义。大学生参与民主管理，可以构建学校领导和学生之间的信息渠道，密切学校领导和广大学生的联系，既有利于建立良好的师生关系，又有利于学校领导及时了解学生的情况，改进工作作风；还有利于政治上的安定团结，有利于培养一批有领导才干、有管理能力、有献身精神的积极分子，这对于党的建设和社会主义事业都有着重要的意义。

（二）民主管理的组织形式

1. 大学生民主管理的组织

大学生的组织包括共青团组织和学生会组织，就学生参与民主管理的目标和方法来说，二者都可以看成学生民主管理的组织形式。共青团是党的助手，是先进青年的群众性组织，学生会是大学生的群众组织，它们各自的目标和任务虽不尽相同，但就建立良好的校园秩序、培养社会主义建设人才的总目标来说，又是完全一致的。共青团组织和学生会组织都要在学校党组织和行政管理系统的领导下开展活动。无论哪一个组织都不能完全独立于学校党政领导之外，所以都不能称为自我管理组织。班级组织和团支部组织是学校实行民主管理的最重要的基本组织，调动这些组织中的大学生民主管理的积极性，完善民主管理制度，对于建设良好的校园秩序，具有特别重要的意义。

2. 学生介入学校管理系统是学生参与管理的形式

这是通过学生代表参加有关学生管理会议，反映学生的意见、要求等形式来实现的。如有的高校聘请学生代表出任行政领导干部的助理等，就属于这一种形式。

3. 专业性的学生民主管理组织

有的学校建立了学生宿舍管理委员会、伙食管理委员会、卫生管理委员会、治安保卫管理委员会、纪律管理委员会等，通过学生自己处理问题或协助学校处理问题，来维持校园秩序。这些组织在行政管理部门的领导、协助和支持下组织起来并进行工作，但不能自行制定与学校的规章制度相抵触的管理制度。

（三）民主管理的原则

大学生参与民主管理必须遵循以下几项原则。

1. 导向的原则

民主管理的导向就是把民主管理引导到以下几方面：坚持四项基本原则，反对资产阶级自由化，坚持遵守法律、法规及学校的纪律、条例，坚持党的教育方针，坚持正确的道德取向等。导向正确，不仅能使民主管理不迷失方向，而且能培养学生守法、守纪的意识和习惯。

2. 自主和尊重的原则

在民主管理中，要调动学生的积极性，就要充分发挥学生的自主精神，减少依赖性。要充分相信并支持他们自己作出的符合原则的决定，有了错误，也要尽可能启发学生自己去纠正，要避免伤害他们的自尊心。管理者的责任是加强领导并及时给予指导，尽量不要代替学生作出决定，要尽可能让学生站在管理的前台。

3. 启发的原则

有些在管理者看来是简单的事，大学生可能会争论不休，这是由于学生缺乏实践经验造成的。管理人员只能给予适当的启发，尽可能由学生自己去下结论，不要轻易代替学生作出选择或简单地下结论。

4. 充分讨论的原则

民主管理相比于指令性管理要复杂得多，反反复复地讨论，要花去很多时间，但只要是认真讨论，时间就不会白费。

5. 允许犯错误的原则

民主制度本身包含着产生错误的可能性，因为多数原则只服从多数，而真理有时在少数一边。要求学生在民主管理中一定不出错误是不现实的，有时正是在犯错中才学到了更多的东西，关键是出了错要勇于承担责任，勇于改正错误。管理干部要培养一种敢于承担责任的意识。

6. 民主程序的原则

实行民主管理一定要遵循民主管理程序，只有严格遵循民主管理程序才能在实践中提高学生民主管理的积极性、民主精神及守法意识。

第三章

大学生管理工作之事务管理实践

第一节　大学生宿舍管理

一、宿舍管理的基本内涵

大学生宿舍是大学生学习、生活的重要场所，是进行学生管理的主要场所，是大学生课余生活学习的主要区域，这个区域是大学生在脱离课堂教学之外，在校园活动时间最长、活动最为频繁的区域，因此对大学生宿舍的管理显得尤为重要。在宿舍这个特殊区域内，学生较为密集，活动也相对频繁，学校及社会对大学生宿舍管理的重视程度也在不断提高。作为大学生管理的重要组成部分，学生宿舍管理随着时代的变迁也在不断发生变化。

大学生宿舍管理是指高校中的有关学生管理部门以及后勤管理部门根据一定的教育目标、规章制度和相关法律法规对高校大学生聚集的生活区域进行管理，通过一定的运行机制和管理方式对大学生的生活常识、思想观念及个人综合素质等方面进行隐性教育，并期望通过这样的管理，促进学生思想健全，促进同学之间和谐友好，促进良好校风的养成，最终达到提升学生个人素质、增强学生综合能力的教育目的。

二、宿舍管理的原则与意义

（一）宿舍管理的原则

1. 目标管理原则

任何管理过程都是一个动态协调的过程，而这一切都必定围绕一定的目标进行，目标不明确，"管理"也就无从谈起。大学生宿舍管理同样也应遵循这一原则。作为高校大学生宿舍管理，育人是其终极目标，通过对宿舍进行严格的科学管理，创造一个良好的生活环境，并促使学生参与到宿舍管理中，营造一个良好的宿舍环境，创建宿舍文化，通过美化环境等方式潜移默化地影响同学的言行举止，培养他们良好的生活、学习习惯和积极、乐观、向上的人生与生活态度；培养他们高尚的道德品质、强烈的自我约束的纪律观念和互相帮助、相互尊重的团结的集体主义观念，进而培养学生追求美、创造美的良好品质。脱离"育人"这个目标，为管理而管理，宿舍管理也就失去了意义。目标的确立既是宿舍管理改革和宿舍管理制度制定的航标，也是实际管理过程中衡量事物是非的尺度。可以这样说，在宿舍管理过程中，只要有利于育人这个目标，学生管理工作者就可大胆地尝试，大胆地实践，这对于正处在后勤社会化改革中的高校具有特别的意义。在一个变革的年代，如果没有目标，则改革极易走偏路并造成不必要的损失，因此确立目标是实施宿舍管理的第一原则。

2. 教育性原则

大学生宿舍的住宿对象是在校接受教育的大学生。高校在搞好服务工作的同时，为学生的学习、生活提供方便，达到管理育人，服务育人的目的。为了有效地贯彻教育性原则，第一，必须使宿舍管理目标与教育目标一致；第二，对学生管理和教育的认识，步调要一致，要把对学生宿舍的管理看作学校教育工作的重要组成部分；第三，学生宿舍管理活动要符合社会主义高等学校教育规律和管理规律；第四，要建立一支具有较高素质的学生宿舍管理、服务队伍。同时，还要切实采取措施，提高对宿舍管理、教育工作的认识，使宿管人员认识到自己是教育者、自己所从事的工作的重要性。

3. 制度化、规范化原则

所谓制度化、规范化，就是在管理过程中有章可循，依章办事。宿舍管理各方面的制度、规章应根据育人的目标和相关文件来制定，并根据实际情况不断健全，使之纵横配套、行之有效。因此，制度制定必须坚持以下"三个统一"：

首先，要坚持规律性与可行性的统一。既要注重使制度本身反映宿舍管理工作所具有的规律性，又要使管理制度具有易于被人们接受并认真执行的可行性。

其次，要坚持严肃性与合理性的统一。规章制度要体现对宿管人员和管理对象的严格要求，体现出严明的纪律。但由于管理教育的对象是学生，要求他们自觉遵守而不违反是不可能的，因此高校制定制度时，应考虑要求的合理性，即学生一旦违反，应有改正的机会。

最后，要坚持管理性与教育性的统一。宿舍管理制度是为加强宿舍管理而制定的，它的制定必须有利于管理部门的严格管理，不仅要告诉学生应该做什么，而且要教育学生应该怎样做，以及违反它会受到什么样的处罚。制度的制定不仅要有章可循，更重要的是严格执行，杜绝主观随意性，这是制度化、规范化的必然要求。

4. 民主管理原则

当今的大学生具有较强的民主意识和参与意识，如何调动他们参与宿舍管理的积极性，发挥其能动作用，是学校工作的一项重要内容。根据管理心理学中的参与和认同理论，宿舍管理部门应当组织学生参与宿舍管理，成立学生宿舍民主管理委员会这样的学生自律性组织，放手发动广大学生进行自我服务、自我管理、自我教育，让学生自己去管理宿舍，解决生活中的问题；同时还可以开展一些宿舍文化活动，以进一步激发学生的潜能，调动学生参与管理的积极性，借以提高学生的组织能力、管理能力和社交能力。同时可以促进宿舍管理部门、宿舍管理人员与学生思想感情的融合，推动宿舍管理工作的开展。

5. 思想教育原则

在学生工作中，严格管理对规范学生的行为能起到巨大的作用，但是我们的管理对象是思维敏捷、思想活跃的大学生，即使再严格的规章制度也不可能约束他们的全部行为。如果我们仅以单纯的管理来代替思想政治工作，那么我们的学生管理工作者就会成为处理违规事件的"消防队员"，使思想政治工作陷入僵化模式。调动学生积极性的根本是针对学生在宿舍中的实际行为加强思想教育，如果学生违纪的思想根源没有解决，违纪行为就随时可能出现，因此，学生管理工作者在加强宿舍管理的同时，要重视思想教育的作用，寓教育于管理之中。在执行宿舍管理制度的过程中，学生管理工作者要坚持思想教育与管理要求相结合的原则，在加强管理时，施以耐心细致的说服教育，让学生知道该做什么，对违反校规的学生在严格要求的基础上个别谈心，"晓之以理，动之以情"，使其心悦诚服地接受处罚，改过自新。

（二）宿舍管理的意义

1. 是高校德育工作的重要内容

学生宿舍是学生休息、学习、生活、社交的重要场所，学生的思想、言行只有在宿舍里才能毫无掩饰地表现出来，要么我行我素，要么积极上进，而高校德育和管理工作的宗旨是树立良好的校风、学风。因此，高校只有把学生宿舍管理作为学生教育管理的重点来抓，才能建设好高校校园。高校必须明确办学的方向和培养目标，必须坚持社会主义的办学方向，培养有理想、有道德、有文化、有纪律的社会主义建设者和接班人，即德、智、体、美、劳全面发展的高层次人才。在人的全面发展中，德是重要的组成部分，起着统帅和促进其他方面发展的重要作用。一个具有社会主义觉悟和道德品质的学生，往往能以高昂的斗志，努力实现自身的全面发展，以便将来走上工作岗位后能更好地为人民服务，为社会主义现代化建设事业服务。反之，思想政治觉悟低和品德修养差的学生，一般来说，其他方面的发展也不会好，极个别的甚至可能成为害群之马。因此，德育工作是高校的头等大事，是高校工作的重中之重。中央多次发出指示，强调一定要把德育工作放在一切工作的首位，绝不动摇。学生宿舍的思想政治教育在目的性、计划性、操作性上不易把握，随意性大，因而在学生宿舍教育和管理问题上，各校都不同程度地存在把思想教育作为软任务、把日常管理作为重头戏的倾向，从而使学生宿舍成为整个学校德育工作的薄弱环节。从某种程度上说，这种状况已经制约了高校德育的总体水平和学生素质能力的提高。总之，德育工作的首要地位需要在高校各方面的工作中来体现。高校只有真正认识了德育工作的重要性，才能在宿舍管理工作中长期不懈地将德育抓起来。

2. 是高校实施思想政治教育的重要手段

高校思想政治教育不是空洞的说服教育，表面形式的说教必须贯穿于学生的具体管理之中，而学生的绝大部分活动都在宿舍中进行。因此，高校思想政治教育要立足于加强学生宿舍管理，从培养合格学生的实际要求出发，制定出一些切实可行的管理制度，并使之条理化、规范化，充分发挥管理育人的效能，使学生从身边的典型事例中受到教育，鞭策自己，自觉用学校的规章制度来规范约束自己的行为。

首先，宿舍是大学生最重要的信息集散地。学生宿舍群体成员自然或自愿组成，通过相互作用、相互影响，一方面学生可以充分体验到自己的存在、地位、能量和价值，另一方面，也加深了同学相互间的了解和友情，满足了大学生归属感的需要。同一宿舍的学生朝夕相处，谈论的机会也多，接触的形式也多，在语言、行为、生活习惯上容易达成谅解，这又对思想上的认同感产生影响和感化作用。在这样的小群体里，他们交流着各种的信息，在"卧谈会"这个尽人皆知而又别开生面的自由论坛中，同学躺在床铺上各抒己见，相互交流着一天中有意义和有趣味的见闻，展开激烈的讨论，其内容又无所不包。在这里，他们毫无拘束，甚至有些在公共场合很少阐明意见或是在老师面前只发表"报纸观点"的学生也能敞开心扉，道出自己的真实观点。所以，要掌握大学生思想政治教育的主动权，加强思想政治工作的针对性、时效性，高校就必须重视利用宿舍这个最直接、最充分的信息基地，及时全面地了解、分析学生的思想状况。

其次，宿舍是大学生"自我"真实表现的场所。大学生的真实精神风貌在宿舍中表现得最为充分。在宿舍中，同学之间在饮食起居和思想等方面可能会发生"小碰撞"，正是在这样日积月累的宿舍生活中，我们可以窥探到大学生的思想本质。思想政治工作要求学生管理工作者能及时掌握情况，如对乐于助人的学生要及时表扬，对违纪的行为要及时制止，对于学生的思想、生活问题要及时解决和帮助。总之，在高校中，大学生宿舍是"事故"多发地，应将其纳入思想政治教育的轨道，予以高度重视。

最后，思想政治教育要真正做到因材施教，有的放矢，这就要求高校要把握好学生的个性，使学生的个性朝着正确的方向发展。深入大学生宿舍进行调查研究，了解不同层次学生的状态，了解个别学生的思想状况，这无疑会促进高校宿舍思想政治教育向好的方面发展。

综上所述，以宿舍为"基地"开展思想政治教育工作，是大学生宿舍管理建设的一项不可忽视的重要内容。大学生宿舍管理是培养大学生成才的整个教育过程的一个重要组成部分，起支持作用。因此，加强宿舍管理是大学生自身发展的需要，是高校思想政治工作的重要环节，是一项艰巨而复杂的系统工程。

3. 是大学生养成文明行为的重要保证

教育科学实践证明，高校培养学生的思想品德时，既需要对其进行耐心细致的思想教育，也需要对其进行坚持不懈的行为训练。思想教育不是万能的，思想工作无论做得如何细致，方法如何得当，总会有疏而不通、导而不行的人，总会出现违反校规甚至触犯法律的事。也就是说，只有苦口婆心的正面教育而缺乏严格的管理和纪律约束是很难产生教育效果的。因此，要使高校的制度要求成为学生的自觉行为习惯，就必须重视对学生良好品德的培养，重视科学的、规范的严格管理。

长期以来，学生宿舍比较注重卫生、纪律和物品的管理，当管理达到一定程度后，就很难继续深入。在宿舍管理方面，高校需要弄清楚两个问题：学生宿舍管理是以事（物）为中心还是以人为中心，思想政治工作对管理的促进作用如何。现代管理科学认为，对人的管理是全部管理工作的核心。宿舍管理表面上是管卫生、纪律、物品，实际上是管人，其最终还是归结到对学生的管理。学生是宿舍管理的出发点和落脚点，管好了学生，宿舍卫生、纪律、物品就容易管好了。因此，学生管理工作者要提高认识，把对宿舍的管理从以事（物）为中心转移到以学生为中心的正确轨道上来。学生的行为是靠思想意识来支配的，学生管理工作者要想管理好学生宿舍，就要做好学生的思想政治教育工作。从思想政治教育对管理的促进作用来看，没有教育的管理是盲目的管理。只有将管理工作同思想政治工作相结合，管理起来才得心应手，事半功倍。离开思想政治教育，管理工作往往很困难，效果也不会太好。学生宿舍管理工作的长期实践证明，管理工作同思想政治工作结合得好，学生宿舍就会整洁优美、安定文明、团结向上；结合得不好，忽视了思想政治教育，学生宿舍就会脏、乱、差。因此，在学生宿舍管理中大力开展思想政治教育，是当前宿舍管理由对卫生、纪律、物品的一般管理向高层次管理发展的需要，也是加强和改进学校思想政治工作的必然趋势。

因此，高校在对学生宿舍实行科学管理的同时，需要加强对学生的思想政治教育工作。当然，学生宿舍的思想政治教育，必须从学生宿舍的实际情况出发，有针对性地开展。

三、宿舍管理的内容与方法

（一）宿舍管理的内容

大学生宿舍管理具有服务、管理、育人三个主要功能。从宿舍管理的功能来看，应包括宿舍内务及卫生管理、宿舍区的治安管理、宿舍纪律与秩序管理、宿舍设施管理、宿舍水电气管理、宿舍电视及网络管理等方面的内容。

（二）宿舍管理的方法

1. 行政方法

行政方法是学校根据学生宿舍管理工作需要，设立专门的管理机构，配备相应的管理人员，根据学校的校规校纪和学生宿舍管理制度、条例等，通过学生宿舍管理人员、服务人员及学生干部，用强制性行政命令、规定，直接对住宿学生进行宣传教育，增强住宿学生执行规章、制度、规范的自觉性，使宿舍管理有章可循，依法办事。行政方法是大学生宿舍管理普遍采用的方法。为了提高学生宿舍管理行政方法的有效性，高校应科学运用相应的管理方式。

1）行政命令管理方式

行政命令管理方式是依靠行政组织，凭借行政职权与权威，通过口头或书面等方式，发布必须执行的规定、决定、指示，它具有明显的强制性、权威性、直接性。高校应对贯彻执行制度、条例、规则的职责范围、奖罚有明确具体的规定；对不服从管理的要有相应的纪律、制度、惩处规定与执行程序做保障，以保证管理规章制度能贯彻执行，实现有效管理；对违反条例的处理要一视同仁，对管理条例的执行做到公开、民主、公平、合理。学生宿舍管理制度、规章、规则、规范的制定要科学，既要符合国家法规、条例，又要有学生的认同，这就要求规章制度的制定，不仅应有管理人员、法律专家、主管领导参与，还应有规章制度的针对人——学生或学生代表参与，这样的规章制度才会有牢固的群众基础，才能得到更好执行。

在具体实施行政管理方法时，要做到制度化、规范化、程序化管理。根据高等教育规律、高校管理目标、基本原则、管理程序和学生宿舍自身情况，高校应制定一套完整、系统的规章制度、管理服务规范和学生宿舍日常工作处理程序，并采用多种方式向学生进行宣传教育，使学生一进宿舍，就知道应该做什么，不该做什么，明确做好了会按何规定受到何种奖励，违反了会按何种程序和哪条规定接受何种处罚，使学生管理工作者和学生都有纪可守，有章可循，也有利于建立和谐的人际关系，提高工作效率。

2）激励方式

激励是教育的一种方式。激励的直接着眼点在于激励学生的情感，使其产生良好的行为。学生管理工作者应掌握激励的艺术，不断创造条件，变换激励方式。同时，学生管理工作者在激励学生的过程中开展思想品德教育活动，可对学生起到感化作用，解决其思想认识问题，巩固激励的成果。在学生宿舍管理工作中，激励方法有以下几种：

一是参与管理激励。学生管理工作者要吸收学生参与管理，成立宿舍管委会，对学生宿舍实行民主管理，以激励住宿学生共同管理好宿舍的积极性和主动性。

二是目标激励。每学期公布学期、学年评选文明寝室及个人标兵的数量、条件、奖励方法，以激发学生达到目标的驱动力。

三是荣誉激励。高校要对积极主动配合宿舍管理工作，并作出贡献的个人或集体，授予相应的荣誉，出光荣册、光荣榜，记入学生档案，为其他学生树立榜样。

四是物质激励。高校对于建立良好宿舍环境作出贡献的个人、集体，在运用上述几种激励方式的同时，要辅以物质激励，如按原定并已公布于众的标准、比例发给学生奖金、奖品等，激发学生参与和配合做好宿舍管理的积极性。

五是情感激励。宿舍管理人员、学生社区辅导员要注意观察住宿学生的情感变化，对学生生活中遇到的实际问题要帮助解决。如对经济困难的学生提供勤工俭学机会，对有病的学生在医疗、饮食方面给予关怀，对某些有错误思想行为或失误行为的学生有针对性地给予关心、爱护、帮助，使其树立信心。

3）疏导教育方式

疏导，就是疏通、引导。疏导教育就是创造条件形成某种疏通机制，让大学生的情绪得到宣泄。在疏导过程中，要循循善诱，将偏差的思想、情绪引导到正确的方向上来。鉴于目前有些大学生对加强学生宿舍管理的意义不理解，有少数学生在宿舍开展经商活动，有的学生引来亲友、同学住宿，学校虽然采取行政措施，强化学生宿舍管理，但有的学生持"无所谓""管不着""我愿意"等错误态度，校方应对个别严重违反学生宿舍管理条例的学生给予严肃处理。但对大多数学生，学生管理工作者只能在强化行政管理、加强思想教育的同时，适时采用疏导教育方式，倾听学生的意见和想法，掌握学生的心理，运用启发、商讨、建议等方法，在疏导的同时进行教育，以提高学生接受宿舍管理规定、条例的自觉性。高校对学生的合理要求应尽量满足，或者创造条件分步骤实施；对学生的无理要求或者违纪行为，要严厉批评，既不能强制压服，也不能放任自流，应采取积极疏导教育的方式；对后进学生要消除心理"防线"，晓之以理，促进转化，以便做好学生宿舍的管理工作。

4）学生参与管理方式

现代管理理论认为，管理的核心是做好人的工作，充分调动人的积极性，使每个管理人员明确整体目标、自己的职责、工作的意义、相互的关系等，使其能积极、主动、创造性地完成自己的任务。根据管理心理学对"参与"和"认同"行为的研究成果，让普通成员以不同形式参与领导和管理，可以增加其心理满足感、责任感、义务感，增强工作动机，减少对抗。他们会由于"认同"而产生关心、支持和主动帮助的行为。高校学生宿舍的住宿对象是具备一定知识和技能的大学生，校方应积极组织以学生为主体的学生宿舍楼管委会，设层长、宿舍长，吸收大学生参与决策与学生宿舍管理模式、管理目标相关的问题。参与决定问题、处理事件的活动，可以提高学生在宿舍管理工作中对自我价值和重要性的认识，增加对宿舍管理决定的认同，从而增强向心力和自觉性，做到紧密配合、协同工作。在参与宿舍管理的过程中，也可以提高学生的组织管理能力。

学生参与管理是提高宿舍管理效能的有效途径，也是育人的需要。大学生宿舍管理部门应从战略高度提高认识，积极支持，并要因时因校制宜，实行民主管理。条件成熟的高校可让学生自我管理，行政上给予指导、支持和帮助。学生参与宿舍管理一般有3种方式：一是咨询参与，对宿舍管理模式及重大的管理改革措施、改革方案、规章制度建设等提出意见和建议；二是决策参与，对宿舍管理中学生关心的重大问题，选派学生代表组成调查研究小组，在调查研究和系统分析的基础上，直接参与决策；三是行政参与，派学生代表参加校学生宿舍管理领导小组或学生宿舍楼管委会，对学生宿舍进行日常行政管理。

2. 经济方法

经济方法是经济组织利用物质利益来影响所属人员行为并使之与组织目标相一致的一种管理方法。随着教育体制改革的深化，大学生宿舍管理应加强经济核算，提高教育投资效益，对学生适当采用经济方法进行管理，如对学生收取学杂费、住宿管理费等，同时变助学金为奖学金、贷学金。入学时学生先交费后注册，不交费或严重违反宿舍管理规定的，不准其在宿舍住宿；将学生在宿舍的表现作为道德操行实施考评，德育分与评奖学金挂钩；在宿舍日常管理中，核定水、电用量，超指标加价收费，减少水、电浪费；为防止损坏公物，学生住宿时每人交一定数额的押金，损坏公物扣款赔偿等都是宿舍的经济管理方法。

总之，适当运用经济手段有利于完善宿舍管理职能。但经济手段不是万能的，作为国家主办的高等学校，不能过分强调以经济制裁为手段进行宿舍管理。对学生的收费要适度，对损坏的公物要酌情赔偿，对违反规定的处理要合情合理，严格控制，避免处理过当。

3. 心理咨询方法

大学生正处于青年时期，存在着青年的特点和青年知识分子的特点。学习竞争的激烈，就业形势的严峻，爱情问题上的不如意，因与同学交往产生障碍而导致的焦虑，部分同学在经济上存在的压力和家庭教育的不当等，都导致了当前高等学校部分学生在心理上存在这样或那样的问题。对学生管理工作者而言，这类问题是不可轻视或忽略的。对此，校方有必要选聘有经验的、学生信得过的中老年教师和心理咨询师在学生宿舍开设咨询室，用社会学，心理学及医学知识、生活经验开展心理咨询、健康咨询等，帮助学生解除困惑，培养出积极的心态，使他们适应环境变化，树立信心，这是一个有效的宿舍管理的辅助方法，也是宿舍管理人员参与教育的有效措施。

心理咨询方法的特点是学生由被管理的被动地位转为主动地位，而管理者（教师、心理咨询师、宿舍管理人员）由管理的主动地位变为被动地位。学生心甘情愿地向教师或心理咨询师诉说自己的"遭遇""苦衷"，以求得对方的同情、理解和指导，从而使焦虑、郁闷、孤独、压抑得到某种释放和宣泄，有利于保持心理平衡。

心理咨询方法对帮助心理有障碍、行为受挫的学生消除消极心态、树立信心有重要的作用。学生认为对方是自己的师长、父辈，"救命的医生"，是信得过的，在心理上消除了"防卫"和"戒心"。因此，他们阐述的道理、行为规范和健康知识学生听得进去，有利于双向交流感情、商讨问题，有较强的针对性，这样有利于师生建立友谊，能激发学生的潜能，帮助学生消除自卑、自弃心态。

宿舍管理中，运用心理咨询方法有各种不同的方式。一般来讲，管理者与学生单独面谈，或让其约几个知心朋友一起谈，或采取书信、网上交流等方式回答问题、交换意见都是可行的。管理者也可以针对学生普遍感兴趣或带倾向性的问题，或举办研讨会，或开设咨询课，或请有名望的专家、教授、医生作专题讲座，并当场回答学生的问题，引导学生健康成长。

第二节　大学生课外活动和社团管理

一、课外活动管理

（一）课外活动管理的目的和意义

1. 课外活动管理的目的

课外活动管理是大学生管理工作的重要内容之一。课外活动管理、教学管理与整个学校管理密切相关。明确课外活动管理的目的，是搞好课外活动管理的必要前提。

课外活动管理的根本任务是，引导和帮助广大学生沿着德、智、体、美、劳全面发展的道路健康成长。从这一根本任务出发，课外活动管理的主要目的包括以下几个。

1）引导课外活动健康发展

如果说在教学活动中教师处在主导地位，那么在课外活动中，则是学生处于主导地位。我们知道，学生社团组织是多种多样的，课外活动的内容和形式也是丰富多彩的，其中有相当一部分的课外活动是由学生自发地组织和开展的。因此，课外活动无论是正常的还是非正常的，都有一个协调和引导的问题。也就是说，学校有必要把各种课外活动引导到健康发展的轨道上来，使之能够在宪法和法律范围内、在校纪校规范围以内进行，切实保障参加活动的学生的身心健康。

2）维护正常的教学秩序和生活秩序

从总体上说，开展正当的课外活动与维护正常的教学秩序和生活秩序是辩证统一、相辅相成、相互促进的。但不可否认，在高等学校，教学活动应占据主导地位，学生首要的任务是参加教学活动。因此，课外活动管理的任务之一就是要保证和维护良好的教学秩序。一般来说，教学活动是第一位的，课外活动要服从教学活动。课外活动不得冲击教学活动、影响校园生活秩序和社会公共秩序。维护正常的教学秩序和生活秩序，既是学校教育的客观要求，也是保障课外活动顺利进行的前提条件。

3）帮助广大学生全面发展

鼓励和支持学生参加各种有益于身心健康的课外活动，是学生管理工作者的重要任务之一。因此，课外活动管理的目的还在于，要积极提倡和支持学生开展各种有益的课外活动，调动学生组织和参加课外活动的积极性，以实现培养德、智、体、美、劳全面发展人才的根本任务。不仅如此，课外活动管理的另一个重要任务是，学校要积极地、有目的地组织丰富多彩的课外活动，并通过这些课外活动全面提高学生在政治、思想、品德、文化、心理等方面的素质。

2. 课外活动管理的意义

课外活动管理，作为大学生管理的重要组成部分，是其他形式的管理和教育所不能替代的。加强课外活动管理，对于强化学生思想政治教育、提高教学质量、增强学生的法治观念和纪律观念、促进学生全面成长，都具有重要意义。

1）有助于强化学生思想政治教育效果

管理也是教育，而且是很重要的教育。通过课堂教学对学生进行系统的马克思主义理论教育、形势政策教育、思想品德教育和法治教育等，是学生思想政治教育的基本内容和形式。通过课外活动进行思想政治教育，也是对学生进行思想政治教育的重要形式之一。实践证明，加强课外活动管理，对于强化学生思想政治教育的效果具有重要意义。高校通过课外活动管理，可以帮助学生深化对思想政治教育的基本理论、基本观点的认识，从而达到更好的教育效果。例如，对学生社团活动的管理，明确规定社团活动不得与宪法、法律、法规和校纪校规相违背，不得从事与本社团宗旨无关的活动，当学生社团开展活动时，必然要努力使自己的活动符合上述管理规定，这就从实践和理论上强化了学生的法治观念。

管理和教育结合起来，能有效地提高管理和教育的效果。课外活动管理，不仅要严格管理，而且要善于把管理同思想政治教育有机地结合起来，使学生不仅在行动上接受管理，而且在思想上认识到这种管理的必要性。例如，某个学生从不参加课外体育锻炼，以致体质下降，体育课不达标等，学生管理工作者就要对其进行批评甚至是适当的处罚，并且要在批评或处罚的同时进行教育，向其指出参加体育活动的重要性。这样，这位学生不仅能够心悦诚服地接受批评或处罚，并且会从思想上加强认识，积极参加体育锻炼。由此可见，管理与教育相结合，不仅是可能的，而且是必需的。

2）有助于提高教学质量

提高教学质量，是学校管理的中心任务之一。通过课堂教学，帮助学生学习和掌握基础知识和基本技能，是提高教学质量的基本途径。同时还必须看到，通过课外活动管理，有效提升课外活动的质量，也是提高教学质量的重要途径之一。

实践证明，只有理论与实践结合起来，才能真正提高教学质量。积极引导和组织学生开展社会实践活动，让学生在实践中接受锻炼，在实践中理解和运用所学的基础理论，对于提高教学质量是至关重要的。通过课外活动管理，不仅可以丰富学生的知识，补充课堂教学内容的不足，而且可以加深学生对书本知识的认识和理解，懂得理论与实际结合的重要性，更加自觉地积极参加课堂教学和实践活动。

3）有助于大学生健康成长

"实现中华民族伟大复兴的中国梦"是当代大学生的共同心声，立志成才是他们的迫切愿望。然而，如何成才，应当成为什么样的人才，并不是所有大学生都很清楚的。把学生培养成德、智、体、美、劳全面发展，又红又专的社会主义事业建设者和接班人，是高等学校的根本任务。要实现这一根本任务，需要动员各方面的力量，而加强课外活动管理，是实现这一根本任务的重要措施之一。

课外活动管理，涉及学生课外活动的方方面面。课外活动管理的一系列制度和规定，如社团活动管理制度、文体活动管理制度、社会实践活动管理制度、社会政治活动管理制度等，既有鼓励性的一面，又有限制性的一面。切实加强课外活动管理，可以调动学生奋发成才的积极性，引导他们选择正确的成才道路，使他们积极参加各种有益的课外活动并自觉遵守有关法律、法规和校纪，培养出高尚的道德品质和健康的审美情趣。

（二）课外活动管理的主要内容

1. 学生社团活动管理

这是课外活动管理的重要内容之一。这方面的内容包括学生社团的申请和成立、学生社团的活动和管理、学生社团的发展和现状。另外，还要针对目前学生社团活动中出现的新情况和新问题予以正确指导。

2. 文娱体育活动管理

这是课外活动管理的一项基本内容，这方面的内容包括业余文化生活的管理、课外体育活动的管理等。

3. 社会实践活动管理

社会实践活动是近年来蓬勃发展的课外活动之一。这方面的内容包括：社会实践活动的类型和特点、社会实践活动的意义和作用、社会实践活动的组织和管理等。

4. 勤工助学活动管理

这部分内容包括：勤工助学的类型和特点、勤工助学的引导和管理、勤工助学与公益劳动的关系、勤工助学的若干政策规定等。

（三）课外活动的管理机构

课外活动是大学生活的重要内容。课外活动管理涉及学校众多部门。因此，在设置课外活动管理机构时必须注意以下几点：

第一，学校党政负责人要亲自挂帅，加强领导。

第二，学校有关部门要密切配合，齐抓共管。

第三，学生工作部门要担负起组织和管理的主要责任。

第四，不同类型的课外活动要有相应的归口管理部门和具体负责人员。

根据上述原则，高等学校学生课外活动的管理机构应与学生管理工作机构相衔接，一般应包括决策机构、指挥机构、执行机构三部分。

决策机构——由学生工作指导委员会、学校有关党政领导、有关部门和单位负责人组成。该机构的主要任务之一是研究和确定课外活动的发展方向、组织领导等重大问题，提出课外活动的计划，解决课外活动中遇到的困难和问题。

指挥机构——由有关部（处）、系（所）和校团委、学生会各自相对独立组成。根据决策机构的要求和部署，各自承担相应的课外活动的组织管理职能。例如，党委宣传部，负有审查和批准学生社团申请、管理学生刊物的职责；体育教研室，担负着组织和管理学生课外体育活动的任务；校团委，承担归口管理学生社团活动、组织社会实践活动等任务。

执行机构——由系学生工作部门、有关教研室、系和班级团委（总支、支部）和校、系、班级学生会等组成。主要职责是认真贯彻上级和校系指示精神，引导和组织学生开展课外活动。有时，某些指挥机构同时还承担了执行机构的职责和任务。因此，指挥机构与执行机构有时不易严格区分。

二、学生社团活动和管理

（一）学生社团的作用

学生社团组织是学生自我管理、自我教育的重要形式之一。因此，不论哪种类型的社团组织，都可以在学生自我管理和自我教育中发挥重要作用。社团组织通过开展活动，可以把具有共同兴趣爱好的学生组织起来，丰富课余生活，开阔视野，增进同学之间的友谊，增强集体观念和协作精神，提高实际工作能力。不同的社团组织，可以吸引不同兴趣爱好的学生，调动各个层次学生的学习积极性，有助于他们在各自的起跑线上前进和发展。

此外，不同类型的社团组织，还有其特殊的作用。例如，学术型社团组织，对于培养学生的学习积极性、主动性和钻研精神，具有重要的促进作用；兴趣型社团活动，可以丰富学生的课余文化生活，具有陶冶情操、提高文明修养水平的作用；服务型社团活动，有助于学生树立劳动观和群众观，加深对国情民情的了解，增强社会责任感和历史使命感；文化型社团和新闻型社团，由于其专业性强，所以在对学生进行有关专业训练方面能发挥重要作用。

（二）学生社团活动应遵循的基本原则

1. 必须服从学校的领导和管理

社团活动要遵纪守法，学生社团要主动争取并自觉接受学校的领导和管理，要防止出现游离于学校之外的学生社团组织和社团活动。

学生社团活动要符合我国宪法、法律和校纪校规的规定，不得影响正常的教学秩序、工作秩序和生活秩序。社团活动应在保证学生完成教学计划内学习的前提下进行。学生社团还要发挥自我管理和自我教育的作用，教育和帮助社团成员认真遵守宪法、法律和校纪校规。

学生社团活动要符合本社团宗旨。学生社团要认真按照其宗旨开展活动，不得从事与本社团宗旨无关的活动。

2. 学生社团邀请校外人员到学校进行学术活动，须经学校同意

学生社团邀请有关知名人士到学校进行有关内容的演讲、座谈，对提高社团成员的水平、丰富社团活动内容都有积极意义，但是为了加强管理，学生社团组织或个人邀请校外人

员（包括外籍人员）到校举办学术讲座、发表演说、做报告、进行座谈和讨论等活动，须经学校批准。组织者应当在 72 小时前向学校有关部门提出申请，说明活动的内容、报告人和活动负责人姓名，学校有关部门应当在拟举办活动的 4 小时前将许可或者不许可的决定通知组织者。讲座、报告等社会政治活动和学术活动，不得反对我国宪法确立的根本制度，不得宣传封建迷信，不得干扰学校的教学、科研和生活秩序。对于违反上述规定的活动组织者，要根据校纪，酌情予以处理，对于正在进行的这类活动，学校有关部门应该责令立即停止进行。

3. 学生社团创办面向校内的报刊，须经学校批准

学生社团可以根据需要创办面向校内的报刊，但报刊内容应限定在本社团宗旨范围内。在正式创刊之前，学生社团要向学校有关部门提出申请，说明办刊（报）宗旨、登载的内容、出版周期、经费来源及编辑人员组成等有关情况。未经学校有关部门批准，学生社团不得印刷和散发、张贴自办报刊。

创办面向校内的报刊，要求学生社团高度负责，认真选择稿件，尽量减少或不出差错，特别是不应出现政治性的差错。为此，学生社团应当主动争取有关主管部门帮助把关。学生社团创办的报刊应标明学校有关部门已经批准字样或标注批准号。如果报刊停止出版，学生社团应向原批准部门报告。

学生在校的主要任务是学习，因此，高校不提倡学生创办面向校外的报刊。如果创办面向校外的报刊，学生社团必须按照有关规定报政府有关部门批准，并接受指导和管理。

（三）学生社团活动的管理

1. 学校要加强对学生社团管理工作的领导

社团管理是一项政策性较强的工作。高校应当根据本校学生社团的现状和发展趋势，根据学生社团的类型，分别确定相应的归口管理部门、配备或指定一定数量的管理人员，具体负责学生社团组织、社团讲座和社团报刊的审查、批准和管理等各项事宜。不仅如此，学校党政领导要亲自主持、研究和制定学生社团管理的有关重要政策和措施，亲自处理某些涉及面广、影响较大的社团组织或个人发生的问题。

2. 学校要加强对社团发展方向的引导

学校要帮助学生社团把握健康的发展方向，特别是教育和引导各个社团坚持正确的政治方向。一般来说，对于学术型和专业性较强的学生社团，高校可以选派相关的教师或管理人员进行业务辅导，同时也进行政治方向的引导。对政治性较强或政治性社团，高校应给予特别重视和关心，要选派政治上坚定、有较高的政治理论水平的领导干部和教师作为这类社团的指导教师，切实保证其政治方向、活动内容和活动形式等不发生偏差。

3. 学校要加强对社团负责人的培养和教育

社团负责人是学生中的骨干，他们的政治思想和品德素质如何，直接关系到社团组织能否健康发展。因此，高校要把社团负责人真正作为学生积极分子队伍的一员，组织他们参加

业余党校、团校和党章学习小组等的学习活动，引导和帮助他们认真学习马克思主义理论，提高他们的政治觉悟和思想理论水平，提高他们的组织能力。学生管理工作者还要经常与他们促膝谈心，了解社团活动情况，帮助解决社团活动中出现的问题，引导社团健康发展。

第三节　大学生学习管理与辅导

一、大学生学习管理

（一）大学生学习管理的定义

从学生步入高校的第一天起，学习就是学生最重要、最关键的活动内容。大学生的学习虽然是按照学校既定的教学计划和教师的安排进行的，但已经不像高中或初中那样是把大部分的时间用在被动地完成老师布置的任务上，而是可以有相当多的自由支配时间，这就决定了大学生要有较强的自主学习能力和制订学习计划能力，合理地安排好自己的学习时间。大学生的学习活动是一种学生在学校这个特定的学习环境里专心地以掌握专业知识和技能为特征的社会活动，学校对学习进行的计划、组织、控制，都将对学生的学习效果产生影响。因此，不管是学生还是学校，如何进行有效的学习管理，都是一个重要的问题。同时，面对知识经济的冲击，对大学生采用最有效的、最优化的学习管理，也是为了满足社会发展和促进个人更好地适应社会的需要。

大学生学习管理的概念主要是借鉴管理学中对管理这一概念的描述演化而来的，其定义如下：大学生的学习行为通过计划、组织、控制和激励等环节来协调学生与学习，以期达到学习目标的过程。这个定义包含着以下几层含义。

1. 大学生学习管理的对象是学习行为

在这个定义中，一切管理活动都围绕着学习行为展开。管理的对象是一种行为，计划、组织、控制、激励等各个环节都有力地促进了这种行为的有效进行，最终使得学习行为有一个满意的结果。

2. 大学生学习管理的主体是参与学习行为的人或组织

大学生学习管理的主体应是学生、学校。学习行为的主体是学生，所以首先对学习进行有效管理的应是学生，而大学生学习行为的发生主要是在学校的参与下进行的，并且大学生的学习行为受学校管理的影响很大，所以学校也应是学习管理的主体。学习管理中的两个主体都围绕着学习行为采取措施，并相互协调，使学习行为有个满意的结果。

3. 大学生学习管理采取的基本措施是计划、组织、控制、激励

计划、组织、控制、激励是这个管理活动的 4 个基本职能。所谓职能是指人、事物或机

构应有的作用。每个学生管理工作者工作时都是在执行这些职能中的一个或几个。那么，计划职能就是对将来趋势的预测，根据预测的结果建立目标，然后制定各种方案及达到目标的具体步骤，以保证目标的实现。组织职能一方面是指为了实施计划而建立起来的一种结构，该种结构在很大程度上决定着计划能否得以实现；另一方面是指为了实现计划而进行的组织过程。控制职能包括制定各种控制标准；检查工作是否按计划进行，是否符合既定的标准；若控制对象的活动发生偏差，要及时发现和分析偏差产生的原因，纠正偏差或制订新的计划，确保实现目标。激励职能主要是针对管理活动中的学生来讲的，通过激励学生，激发和调动他们的积极性，使他们的个人目标与管理目标统一起来，保证管理活动协调进行。

4. 大学生学习管理的目的是实现学习目标

学习目标是通过有效、优化的管理活动实现的。学生根据个人需求、社会需求，在学校给定的环境里，充分发挥个人管理学习的才能，进行有效的学习。同时，学生个人的学习又受到学校对学习管理的统辖，学校根据自身的人力、物力、财力水平，制定符合自身和社会需要的学习管理制度，为学生的学习提供一个支持系统。因此，对学校和个人双方均有效的学习管理，能保障个人学习目标和学校培养目标的统一，保障满意的学习效果。

（二）大学生学习管理的原则

大学生的学习管理应是高校管理中的重点。要有效地对学生的学习进行管理，必须遵循科学的管理原则，这些原则既要结合学生的特点，又要符合总的教育方向和要求。因此，必须遵循的管理原则有以下几点。

1. 自主性原则

自主性原则是大学生学习管理中的首要原则。它是指在大学生学习管理中所进行的一切管理活动都应以大学生自我学习管理为目的，为促进大学生自我学习取得好的学习结果创造一切有利条件。大学生学习是以教师为主导、学生为主体进行的，所以从学习内容、学习时间及学习方式上都要更加强调学生在学习活动中承担的角色，强调学生学习的自觉性和能动性。因此，在大学生的学习管理中，只有当学校对学生的学习管理和学生的自我学习管理有机结合在一起时，才能更好地发挥学生自我学习管理的能动性。

2. 系统性原则

系统性原则在大学生的学习管理中表现为高校的学生学习管理是一个系统工程，它包含了个人、学校、社会等各个部分，须协调各部分之间的关系，建立良好的组织结构，才能达到学习活动的最优化结果。学生的学习行为，作为一种具体而复杂的活动，是在特定环境影响下的功能表现，并且学习行为的功能表现会受到环境中某些因素的影响，其中有一些因素影响会起很大的作用。

3. 价值性原则

价值性原则是大学生学习管理原则中最应该体现的原则。它是指学习管理活动应在很大程度上满足管理主体的需要，体现了其与管理主体之间的效用关系。任何管理活动，都是为了满足管理活动主体的需要。管理活动的存在、作用及其发展变化都应适合、接近管理主体的需要。因此，高校在进行学生学习管理时，应充分发挥学生、学校、社会的作用，以人为本，激发人的激情，注重人的利益，满足人的需要。

4. 针对性原则

针对性原则是大学生学习管理中特有的原则。针对性原则是指大学生学习管理活动应针对大学生的生理、心理情况分阶段地进行管理。针对性原则体现的是管理活动中对组织结构的分层管理，同时，针对性原则也体现了管理活动中要基于事实的哲学理念。大学时期是智力水平提高、记忆功能增强、抽象思维获得重大发展、分析综合能力明显提高的时期。而且，进入到大学学习的学生们，要经历入学期、稳定发展期、毕业前期的各个阶段，高校要根据大学生生理、心理的适应性来有效地、有针对性地进行学习管理，才能获得最佳的效果。

5. 定性管理与定量管理相结合的原则

定性管理与定量管理相结合的原则是从管理手段的角度考虑的。长期以来，对学生的学习管理基本上都是单一的定量管理，比如通过具体题目的试卷测试等做定量管理。这种单一的定量管理手段使得学生没有真正获得好的学习结果，而学校也仅仅根据学生试卷的分数来确定教学计划、进行教学评估等，导致学校的学习管理活动很大程度上不能真正有效地促进学生的自我学习管理。由于对人的学习管理是一项较为复杂的系统工程，致使许多问题靠单纯的定量分析还难以解决，所以定性管理的作用仍然不可低估。随着学校管理理念的不断变化，在进行学习管理时，定性管理的介入，增强了学习管理活动的有效性。高校对学生的学习管理，应在以定性分析作为前提和归宿的基础上，以定量分析深化对定性的认识，二者紧密结合，共同在管理中发挥作用。

（三）大学生学习管理的方法

只有方法合理，才能体现管理的原则，才能取得满意的管理结果。大学生学习管理也是如此，只有采用有效的管理方法，才能适应学生、学校、社会的需要。目前，大学生学习管理采取的方法主要有两种，一种是分阶段管理，另一种是系统管理。

1. 分阶段管理

分阶段管理是指将学生的学习管理分为入学期、稳定发展期、毕业前期三个阶段，在不同阶段采用适应性的手段、方法，使学生、学校能对学习进行有效、优化的管理。分阶段管理最大限度地体现了学生学习管理中的针对性原则，但在管理活动进行的过程中，也结合了自主性原则、系统性原则、价值性原则，以及定性管理与定量管理相结合的原则。

1）入学期学习管理

入学期的学习管理主要是从确立正确的学习态度，掌握正确的学习方法这个角度入手的。很多学生步入大学后，面对自由的学习环境、浩瀚的知识海洋，在学习态度、学习方法上产生了困惑。在这个时期及时地了解学生、帮助学生，将会对学生以后的学习起到良好的铺垫作用。

2）稳定发展期学习管理

大学生在学校里经过半年乃至一年的大学环境适应后，开始对自我学习有了大的发展欲望。这个阶段的学生，有着强烈的求知欲，因此这个阶段的管理应注意处理好专业与兴趣爱好、全面发展与个性发展的关系，使学生得到充分发展，不仅让其学到了知识，还为其培养了能力。

3）毕业前期学习管理

毕业前期，学生面对就业、考研出现了不同程度的"学习动荡"，一部分人忙于考研，埋头苦学应付研究生考试，而忽略了应该在这个阶段学习的专业课；另一部分人忙于找工作，认为只要有个工作，学习不学习已经不重要。因此在这个"混乱的阶段"，高校更应该注意学习的稳定性，在学生步入不同的环境之前，一方面抓好教学计划中的学习管理，另一方面为学生步入不同环境提供知识储备，比如开设英语辅导班、交际礼仪指导课程等，为学生走向另一片天地提供学习条件。

2. 系统管理

系统管理主要是把系统科学的理念注入学生学习管理中，把学生学习管理看作一个系统工程。大学生学习系统管理是指将学习行为与学生、学校、社会看作一个整体来管理，学生对学习行为产生直接的影响，学校和社会为学生的学习提供了支持系统。

在学习管理系统中，有学习行为、学生、支持系统几部分。学习行为是这个系统的中心，学生的活动和支持系统的活动都是围绕着学习行为进行的。学习行为、学生、支持系统这些部分之间又有着密切的联系。在这个管理系统中，主要体现了以下几种思想。

（1）在学习管理系统中，学习的主体是学生，所以学生与学习行为有着直接的关系。学生对学习行为进行有效管理，会取得理想的学习结果。理想的学习结果又会促进学生提高积极性、自主性，加强和促进学习效果；反之，就会降低学习效果，进而影响学生的学习情绪。

（2）支持系统是指学校、社会为学生的学习所提供的一切支持，包括培养目标、学习风气、学习制度、评估制度等，这些支持系统有效地促进了学生的学习活动，同时学生的学习活动又影响着支持系统的变革和发展。

（3）在这个学习管理系统中，隐含着计划、组织、控制、激励等各个环节，这些环节是管理活动进行的必要程序。只有当管理活动在基本环节上有效运行后，才能使得整个系统良好地运转起来。

（4）学习目标的实现是学习管理系统最终的管理目标。这个学习目标是系统的整体目标，是学生个人的学习目标与支持系统目标的统一。得到满意的学习结果，是学生和支持系统的愿望和采取措施的结果，如果对学习结果不满意，学生、支持系统就会不断地调整，直到产生满意的结果。

（四）大学生学习管理中要注意的问题

1. 两种管理方法的有机结合

大学生管理的有效、优化进行，是分阶段管理和系统管理有机结合的结果。分阶段管理的各个阶段都遵守系统管理的理念，同时系统管理又是在分阶段管理中一步步接近目标的。所以，这两种管理方法是相互融合在一起的，只有运用这两种方法，才会实现管理目标。

2. 充分发挥学校领导的作用

在大学生学习管理中，学校对这个管理活动起到了领导作用。学校领导的作用是将学习管理的方向、内部环境统一起来，创造使学生能够充分实现学习目标的环境。学校对学生的学习管理提供了制度保障、监督保障等，这些不仅需要学校在发挥领导作用的时候要充分、细致、灵活，还需要有一定的艺术性，唯有如此才能使得学生学习管理活动在学校的领导下有效进行。

3. 有效地沟通

因为大学生学习管理系统中管理主体是参与学习的人或组织，也就是学生和学校，所以在学生和学校之间就应建立一个有效的沟通渠道，加强学校与学生之间的对话与交流，可以采取正式的或非正式的方式来了解学生的看法，据此来对教学事务做出调整，确保教育过程与学生需求协调一致。同时，学生也通过有效的沟通渠道，了解管理的意图，使个人的学习与学校的教育方针、教学条件有机地结合起来。

4. 持续改进

持续改进是大学生学习管理活动优化的一个永恒行为。持续改进是这个管理活动中的核心动力。持续改进包括：了解现状，建立目标，寻找、评价和实施解决办法，测量、验证和分析结果，最后把更改纳入体系等活动。持续改进体现了管理哲学中动态的思想，遵循了发展的科学观。因此，持续改进为管理活动提供了前进的动力，使其从不完善到不断完善持续发展。

二、大学生学习辅导

（一）学习辅导的概念

在学生学习是"当务之急"理念的指引下，学习辅导逐渐成为学校工作的重点，大量的学生事务项目和服务围绕学习辅导而开展，具体如下。

在我国并没有严格的学习辅导概念，大学生的学习辅导被认为是对学习稍显滞后的学生所开展的补差工作，包括对学生的重点教育、严格管理和学习辅导服务。但随着辅导工作的不断深入，学习辅导的概念在我国高等教育理论和实践层面都有所拓展，并逐渐开始向发展性辅导转变。

（二）学习辅导：大学生管理拓展新内容的背景

近年来，我国高等教育工作者对国外高校的学习辅导工作逐渐有了一定的了解，也开始认识到学习辅导工作的必要性，具体如下。

1. 知识时代将给大学教学和学生学习带来革命性的变化

1）知识时代的发展给大学教学带来挑战

随着经济和社会的发展，知识总量的递增速度越来越快，新知识的倍速增长与传统的教育制度、教育内容、学生的学习观念和方法之间都存在着矛盾。学校必须教给学生在 21 世纪生存所必需的技能和方法，否则就不能说自己成功。一方面，数字化的发展让学生生存在充满活力的、可视的、交互式的媒体世界中，他们重视实验和参与，不喜欢通过被动地听和读来学习。因此，他们对直线式的、连续的课堂讲授会逐渐感到厌倦，更愿意通过非线性的方式开展学习，结成同辈学习小组，建立复杂的学习网络，构建自己的学习环境进行交互的、合作的学习。这就需要与学生同吃同住的辅导员及作为学术向导的导师给予科学的指导。另一方面，高校为大学教师和学生工作者提供基本的教学培训比较少，能意识到需要将快速发展的学习理论应用到教学中去的老师也不太多。因此，高校可以在推动学习辅导工作的背景下，加强教师队伍的培训。

2）在知识时代教学和学习的革命性变化

在知识时代，信息技术越来越发达，学生个体日益显现出多样性，并且熟悉信息技术，这就要求高校必须创新教学方法。教师应将自己融入教学环境中，成为学习内容、学习过程和学习环境的设计者。学生则主要通过自己阅读、写作、解题和实验来学习，他们会开发更多的合作学习模式，教师在这个过程中更像是顾问和教练。进一步拓展开来，高校应当成为学习社区，它包含一系列复杂的社会型交互作用，学生、教师、职员、社团、环境都是学生学习的互动对象。因此，高校要在现有的制度现状和环境里，首先在学生工作的框架内为学生提供教育性的学习辅导服务，同时通过学校层面的教师和员工培训促进全员育人，并且加强教学工作和学生工作的合作，这是一条可行的变革道路。

2. 培养高素质创新人才的需要

一般认为，教学在人才培养中发挥着主要作用，高校也往往因此将提高教学质量作为提高人才培养质量的主要因素。不少高校非常重视并大力开展培养大学生创新能力的活动，如科技创新活动、社会实践活动等。近几年来，不少高校在全员育人理念的指引下，提倡全面提升教职员工的素质，大力推进教学育人、管理育人、服务育人。但就目前而言，全员育人的落脚点主要在德育上，学生学习则被视为教学即可解决的问题，这一想法在一定程度上缺乏科学性。全员育人不仅应体现在教师和员工共同做好德育工作，同时也应当体现为教师和员工共同重视学生的学习，促进学生的学习和发展。因此，教师除了教学以外，还应更多地参与到课后的学生辅导和咨询中去，管理和服务人员的工作也应当以学生的学习和发展为重心来展开，共同构造完备的高校学生学习辅导体系。

3. 高等教育走向大众化阶段的需要

现在我国已基本实现高等教育的大众化，但同时高校因扩招而导致学习资源紧张、学习困难的学生增多。首先，随着高校在读学生人数的增加，大部分课程都通过大班授课，这不利于教学质量的提高；其次，同样由于学生人数的原因，教师和辅导员在课后对学生开展辅导和咨询的覆盖率大大下降，很多学生缺乏必要的引导；再次，教室、图书馆、多媒体教室、学生科研资金等教育资源面临紧张局面，生均学习资源占有率下降；最后，随着高等教育走向大众化，毕业生的数量逐年增加，学生面临着就业困难的问题，这导致学生形成以就业为直接导向的不科学的学习观。这些都客观上对高校加强学习辅导工作提出了要求。

（三）学习辅导的内容

1. 在现有课程体系中补充学习辅导类的课程

教学是培养学生的主渠道，因此在现有的课程体系中补充学习辅导类的课程显得非常必要。目前很少有高校专门开设此类课程，即使已有开设，课程数量也极少，可拓展的空间非常大。辅导员作为高校教师队伍的组成部分，承担着对学生开展德育、学生管理和辅导咨询的任务，而学习辅导正是辅导咨询工作的重要组成部分，因此以辅导员为主体，策划和设计此类课程并担任课程教师非常可行，这既可以促进学习辅导类课程的建设，又可以增强辅导员对教师角色的认同。这些课程包括"大学生学习方法与技巧""学生学习与个人发展""成功大学""如何进行专业书籍的阅读"等内容。

2. 提供以促进学生学习为目的的辅导项目和服务

为学生提供辅导项目和服务是大学生事务部门开展学习辅导工作的主要方式。这些项目和服务包括：适应学习环境的预约咨询，改进学习方法、提高学习能力和培养创造性思维的短期培训课程，培养学习品格和发展学习心理的个体及团体辅导，促进运动员学生、残疾学生等特殊群体学习的辅导项目，推动学生合作学习和学习团体建设的资金扶助等。

3. 培训和引导专业教师及学生工作者在课后做好学习辅导工作

无论是对班级学习氛围的营造，还是对学生学习方法和能力的指导，或是对学习落后群体的辅导，辅导员都具有不可替代的优势。因此，高校强调学习辅导工作在辅导员总体工作中的重要性，对辅导员开展有针对性的培训，使之具备相关的工作知识、技能和能力，适应学习辅导工作的要求是非常必要的。同时，教师在做好科研和教学工作的同时，也应承担更多的育人功能，尤其是在专业学习的辅导方面，教师应当发挥主要作用。在学生生活和发展方面，教师也应当发挥一定的咨询作用，因此对教师进行学习理论和咨询技巧的培训也是必要的。

4. 扶持以学生自主学习为理念的合作学习小组和学习型团体建设

学生是学习的主体，因此鼓励和引导学生自主学习是学习辅导工作的根本目的。合作学习的有益之处在于从日常的交流中为学生提供互相学习的机会，在轻松的氛围中使学生通过互相学习了解个体间的异同点，在为学生的合作小组模式提供实践机会的同时，体验积极的小组交流。合作学习还有一个益处，即在互相交流之中，思辨能力成为解决问题的必备手段，学生更有机会将理论概念和实践运用能动地结合在一起。由此可见，扶持和引导合作学习小组和学习型团体对于开展学习辅导工作、促进学生学习来说非常重要，这也给做学生工作的教师带来一个全新的挑战。

5. 加强和改进为学生提供学习资源方面的服务

学习资源的提供本质上是一项服务，而不是一项辅导工作，但高校提供此项服务的过程正是高校对学习资源的一个筛选过程。通过这个过程，高校将符合社会发展需要和学术发展潮流、契合学生发展需求的学习资源整合起来提供给学生，让拥有不同专业背景、具有不同发展目标的学生在享受学习资源服务的过程中体会到深含学校精神的学习理念，服务便会因此而成为一项育人的工作。

6. 建设和营造良好的学习环境

广义的环境包括自然环境、社会环境和组织氛围，因此从环境规划和组织文化的角度来建设和营造良好的学习环境对于学习辅导工作的开展具有良好的保障作用。从环境规划的角度来看，高校应当吸收学生工作部门参与校园环境规划，以学生学习为中心来建设校园环境；从组织文化的角度来看，应当在学校、院系、班级和宿舍楼等层面营造最有利于学生学习的组织文化。

第四章

大学生管理工作之对话管理实践

第一节 大学生对话管理的必要性

一、大学生的对话品性

我国当代大学生的年龄一般都在 17～23 岁，正值青年中期，这个时期正是一个人成长、进步的关键时期，也是人生最美好、最灿烂的黄金时期。这时期的大学生生理、心理急剧变化，生长发育迅速，因而具有"体力高峰、智力高峰、社会需求高峰、特殊行为高峰、成就高峰，最积极、最有生气、最肯学习、最少保守思想，敢想、敢说、敢干"的特点。这些特点使大学生具有鲜明的对话特征，而且由于身处对话的时代，使得大学生的对话品性显得更加突出和强烈。对大学生进行管理时必须深刻认识大学生的这些对话品性，牢牢把握这些对话品性，采用与之相适应的管理方式，才能产生管理的功效，提高管理的水平。

（一）需要结构多样化，为大学生提供了对话的动机

需要是人的行为的基础和源泉。人具有多种多样的需要，正是由于人们需要的多样性，才出现了人们千姿百态的行为和理想追求。美国心理学家马斯洛按照人的需要的重要性和发生的先后顺序将其归为五类：生理的需要、安全的需要、交往的需要、尊重的需要和自我实现的需要。这五类需要从低到高排列成人的需要层次结构，只有当下一级的需要得到满足之后，人们才向更高层次的需要迈进。不同年龄阶段，人们的需要有所不同，不同的年代由于社会环境、条件和要求不同，人们的需要也不尽相同。尽管人们的需要是丰富多样的，但处在生产力水平低下的社会和物质贫乏的年代的人们，由于基本的物质生活需要都得不到满足，所以他们的其他一切需要实际上是处于潜隐和抑制状态，在此情况下，人们现实的实际需要其实是很单一的。因此，需要的多寡及其满足程度是受到社会历史条件制约的。

我国新时代的大学生处在改革开放日益深化、市场经济和知识经济交织的年代，社会政治、经济、文化、科技和教育诸方面都在影响着他们的思想和行为系统，使其产生丰富强烈、纷繁复杂的需要结构。而我国当前经济建设的快速发展，科学技术的突飞猛进，促进了物质财富和精神财富的极大提高，推动着社会各方面的全面进步，为我国当代大学生多样需要的满足提供了现实可能性。

因此，各种超前的现代化的物质生活需要，多维自主的社会交往需要，新奇高雅的文化娱乐需要，提升自我的学习求知需要，自我实现的专业成才需要，加上青年期强烈的归属和爱的需要、尊重和理解的需要等，使得当代大学生在需要满足上"似乎没有不需要的"，甚至表现得有点"贪婪"。可以说，当代大学生与以往任何一个时代的大学生相比，其需求心态的最大不同和突出特征就是它的丰富多样性。按照行为科学的观点，需要产生动机，动机激发行为，大学生多样化的需要推动其产生与丰富多彩的外部世界建立多种多样的"我—你"对话关系的动机，进而产生相应行为，以实现其多种多样的需要。

（二）自我意识增强，为大学生提供了对话的必要性

一般来说，大学生都有较强的自我意识（这是其个性趋于成熟的标志），主要体现在3个方面。

1. 自尊心明显增强

他们往往争强好胜，希望得到别人的认可、尊重、支持和关心，难以忍受别人对自己的命令、控制、指责和冷漠。

2. 特别关注自我的发展

他们经常将自己与他人做比较，经常对自己的过去、现在和未来，以及自身的素质和潜能进行立体思考以认识和评价自我，对自我发展有强烈的愿望。

3. 注重自我与环境的关系

他们具有丰富的情感体验，看重别人对自己的评价，希望对环境有全面的认识，希望与周围的人建立良好的人际关系，并依据环境的发展变化调整自己的应对策略。

自我意识的增强使大学生处处希望显示自己的能力，摆脱别人对自己的束缚和干涉。他们的成人感迅速增强并渐趋定型，并且几乎无一例外地认为自己已经完全长大成人，具有自主自立意识，对个性有自己独特的理解，渴望拥有鲜明的个性，希望自己能够主宰、决定一切，自己独立地走自己的路；他们大多不满足于学校管理者或家长为其设计好的成才模式和发展道路，试图摆脱所谓"独裁专制、家长式"的束缚，对"出于好心"的包办代替和别人的"指手画脚"特别反感。这种自我意识的增强，使大学生要求与他人平等对话，根据在对话中的体验、领悟确立自己的判断，自主地处理各种事务。

（三）价值观念多元化，为大学生提供了对话的土壤

改革开放开阔了大学生的胸襟和视野，五光十色、异彩纷呈的新观点、新学说、新思维

乘着观念更新的时代列车，穿过洞开的国门，一起涌到了渴求真理的大学生面前，为大学生思考过去、面对现实、走向未来提供了新的参照，这使得大学生能够从不同的基点、不同的角度，以不同的方式、不同的方法观察多彩的世界。他们对过去的一切，敢于质疑反思；对眼前的一切，不再轻信盲从；对未来的一切，勇于大胆探索。

同时，随着知识经济、信息时代的到来，国际化、网络化趋势深入发展，古今中外现存与发展的各种思想观念、价值追求和生活方式从不同的角度和渠道影响着今天的大学生，使得大学生的价值观念出现了前所未有的多元化重新组合，从而表现出前所未有的包容性，绝对权威崇拜、绝对一元的价值信仰和价值评价标准已不复存在，而代之以一幅多元纷呈的价值世界图像。这种多元价值观念的并存、碰撞、交融和整合，构成了大学生对话的良好氛围和土壤。

（四）思想意识的开放化、民主化，为大学生提供了对话的条件

随着大学生各种生理机制的健全和成熟，他们血气方刚，精力充沛，朝气蓬勃，思维敏捷，爱好和兴趣广泛，锐意进取，求知欲强，富有理想，憧憬美好的未来，因而他们没有保守的思想，不墨守成规，敢于打破传统思想的束缚，热烈奔放，豪情满怀，以开放的精神和态度，大胆探索、勇往直前；他们具有强烈的民主意识、竞争意识和公平意识，敢于批评，渴望参与，勇于竞争，积极争取自己的民主权利，对于不公正、不平等的现象深恶痛绝，敢于运用法律武器维护自身权益。

二、大学生管理的必然选择

大学生管理中对话精神的缺失，对大学生管理和大学生的发展造成了严重的危害，不仅使管理不能发挥应有的价值和作用，反而使管理走向了自我封闭的深渊，阻碍管理的变革和发展。物极必反，否极泰来——大学生管理必然走向对话，用对话的精神来消解原有的种种问题和弊端，为大学生管理的发展拓展新的空间，开辟新的路径。

（一）对话消解封闭，走向开放

对话作为一种关系，将对话双方有机联结起来，互相以对方为取向，形成一种双向沟通关系，从而消解自我封闭与自我中心。将对话引入大学生管理，使大学生管理中的各种关系成为对话关系，不仅管理者与学生之间形成对话关系，管理者与管理者之间（不论是平级还是上下级）、学生与学生之间、管理者与其他相关者（如家长、社区民众）之间、学生与其他相关者之间、其他相关者之间、管理者与环境之间、学生与环境之间等都应形成对话关系，从而瓦解原来单一、封闭的管理体系，使之全面走向开放。

开放是对话的固有本性，只有开放才能生存，只有开放才能发展；开放是事物生存发展的内在需要与动力；开放为大学生管理发展开拓了广阔的空间。因为开放，大学生管理者不

能再官僚，形式主义也再无栖身之所，管理者更加自信与豁达，更能理解学生、包容学生、引导学生；因为开放，学生才能走近管理者，理解管理者，才能自觉支持、认同管理活动，才能汲取各方面的信息和关爱，自由自主地成长；因为开放，大学生管理的相关各方才能积极介入管理活动，实现管理的各个方面、各个环节的和谐与协同，达到管理中各种资源的整合与优化，推动管理创新与发展。

（二）对话尊重差异，倡导多元

我们生存的世界是一个多样性的存在。多样性产生差异，也正是世界万物的千差万别，才使我们的生活变得丰富多彩。人类的生存有赖于周围生物世界的多样性，然而人们却先天地不喜欢多样性和差异。正是人们致力于消除差异达到同一的诉求，导致了人们之间的种种对立、冲突、争端与战争。对话摒弃这种意识上的误区，主张尊重差异，包容多样性，并在此基础上异中求同、同中存异。差异不仅必要，而且能够成为组织的巨大资源。对话使人们深入认识和了解差异性，同时也提供了一种途径，使人们能尊重差异性。没有差异，世间就只剩下单一与重复。差异性是创造的必要条件……当我们尊重各自的不同时，就会让我们能够进行流畅的谈话，从而发现差异性的真正力量，开创新的时代。

对话进入大学生管理，将开创大学生管理新时代。它倡导尊重学生差异与个性，消解传统的单一模式，形成多元化的管理模式。多元化的模式突出学生主体地位，关注学生丰富多彩的世界，根据学生的丰富性、多样性、多元性、立体性和不断发展变化的情况，适时适度地调整具体的管理目标、内容、方法、形式和手段，因材施教，从而建构起每个学生独特的个性和创造能力。

（三）对话提高管理者素质

对话具有生产性、创造性的特征，对话的过程是相互造就的过程，是相互提高的过程。在对话中，不仅学生的素质和品格得以生成、建构，管理者的素质也在不断提高。大学生是时代精神的代表和化身，他们身上聚合了时代的新思想、新观念，他们代表着社会的前进方向，管理者与之对话能够促进自己思想解放、观念更新，并不断与时俱进。而且青年大学生思维敏捷而活跃，能激发管理者的新构想、新思维、新创见。此外，大学生还是一个成长中的矛盾体，他们的心理特征、情感体验复杂而多变，敏感而冲动，这就对管理者的管理方法和艺术提出了较高的要求：既要顺应个性特征，又要追求管理的价值目标。这将促进管理者不断改进工作方法。更为重要的是，对话的过程也是管理者自我暴露的过程。

在对话的过程中，管理者知识、能力、素质方面的优势和缺陷都将暴露出来，这给管理者一个认识自己的机会，使管理者正视自己的不足，自觉生发提高自身素质的欲望和诉求，这种欲望和诉求将随对话的持续开展和深入进行而生生不息、不断高涨，故而对话又成为管理者提高自身素质、促进自身专业发展的内生动力。

同时，对话还能促进人的反思。管理者在对话中会不断反思、不断提高。随着管理者素质的不断提高，又反过来推动管理的创新和发展。因为管理者是大学生管理的设计者和规划师，是管理中的首席，他们的高素质必然带来高水平的管理。因此，对话是大学生管理中的一种良性循环机制。

（四）对话锤炼学生的品格

现在的大学生是在改革开放后国家现代化建设取得重大成就的优越环境中成长起来的，绝大多数是独生子女，他们既承载着崭新时代的信息，具有天生的优势和潜质，又由于从未经历过苦难，从小娇生惯养，具有天生的品格缺陷。他们往往以自我为中心，性格固执、偏执，不善于与人相处，缺乏责任感和团队合作精神，依赖性强，难以独立自主……这些不足既是他们人生发展的障碍，也是社会发展的隐忧，是我们在大学教育和管理中必须解决的一大课题。然而如前所述，我国现行的大学生管理体系自身具有严重封闭性、单一性，导致它不但不能解决这些问题，反而加剧了这些问题，并引发很多新问题。对话是解决这些问题的必由之路。对话管理是锤炼学生品格的良方。

对话是一种精神，一种境界，一种修养。在对话中，学生不仅可以学会学习、学会认知，还可以学会生存、学会处事。对话是一种转向，一种他向思维。学生在对话中能够学会理解他人、尊重他人，学会如何处理人际关系，如何与人共事；学会关爱他人、换位思考，养成责任意识和合作互助的精神。对话是一种心与心的相遇，情与情的碰撞。在对话中，一切都是出于自己的真诚之心，是自我的自然流露。在这种对话精神的长期浸润下，学生自会养成一种诚信的品格，达到知、情、意、行的和谐统一，做到言行一致、表里如一。同时，对话既是一种他性的激活，也是一种我性的坚守，它要求自主思考，自主创建，使学生摒弃一切依赖思想，养成独立自主的性格。随着对话管理的发展，学生的品格将会得到不断提升。

第二节　大学生对话管理组织

一、网络化的生态组织

大学生对话管理作为一种管理新范式，在管理组织上将发生一系列新的变化，具有一些新的特征与性质。这些新变化、新特征符合管理组织发展的必然趋势，能够克服传统大学生管理组织的弊端，充分调动管理各方的积极性和创造性，形成一种良性的大学生管理组织运行机制，确保大学生管理价值目标的实现。

大学生对话管理组织内在的各种关系是多重对话关系，大学生对话管理的组织结构相应也就成为一种立体多维的网状结构。在这个网络化的组织结构中，任一组织或个人都成为网络中的一个节点，与其他组织或个人的关系不再像传统的大学生管理组织等级结构中的单纯的对上对下的关系，而是向一切相关组织与个人开放，与一切相关组织与个人相联结而形成立体化的、多重多维的网状关系。例如，就大学生管理的校级职能部门学生处（部）而言，在传统的管理组织结构中它的主要关系是单一的对上对下的关系：对上主要与校分管副书记（副校长）联结，对下主要与院分管副书记（副院长）、院学生工作科（办）联系。然而它与其他相关组织和个人的工作、业务联系极少。这是一种简单化的垂直结构关系，它忽视了大学生管理工作的复杂性。而在对话管理组织关系中，校学生处（部）除了传统的对上对下的联结关系外，对上还要与其他校领导及上级相关部门密切联系，争取他们的关心与支持；在平行关系中，除了与工作直接相关的校团委密切联系、协同工作外，还要与其他相关的职能部门（如教务处、后勤处、科研处等）密切联系和配合，争取他们对学生管理工作的理解、关注与参与；对下还要与其他院系领导和部门密切联系、接触，了解、听取他们的意见和建议，争取他们参与、承担学生管理工作与任务。此外，还要与社区、社会有关部门及人士联系与接触，了解他们对大学生的看法、评价与要求，这种多重网络关系形成了一种立体化的组织结构图景。

再就学生辅导员而言，在大学生对话管理的组织结构中，其组织关系就不再是传统组织结构中的相对固定的主要与院（系）分管领导、校学生处（部）及班主任和学生联结的单一化关系，而是还要与院（系）其他领导与部门、院（系）团委、学生会及其他学生社团、教师、家长及社区、社会中的其他相关者密切联系，就学生管理的各种问题展开讨论，这样也形成了相应的网络关系。

在大学生对话管理组织关系中，任何组织与个人都向其他相关组织与个人开放而形成网络关系，这样在大学生对话管理组织系统中形成的纵横交错的、多重复合的立体网络关系已无法用图在纸上清晰地展示出来。这种网络关系并不是对传统的大学管理组织结构的抛弃，而是内含了传统的组织结构，并在其基础上添加多重联结，使组织中的任何部门和个人之间都能相互联结而形成对话关系，这是一种全新的组织体制。在这种组织体制下，组织结构进一步走向扁平化，即组织的中间层次减少、管理幅度增宽、冗员裁减，从而形成了一种干练、紧凑的扁平型（即椭圆形）组织结构。这种结构能够使组织内信息传递畅通，降低管理成本，提高管理者的积极性，使组织变得灵活、便捷，从而提高管理效率和效能。

在大学生对话管理组织中，等级层次虽然仍旧存在，但传统组织的等级意识被弱化，每一层级对应一定的职责、权利与义务，不同层级的区别只在于权责与义务的不同，而这些权责与义务同等重要，处于平等地位，没有高低贵贱之分。因此，渗透在大学生对话管理组织结构中的是民主与平等的精神，组织部门与管理者之间、管理者与学生之间是一种基于主体与主体的合作共进关系。与此同时，传统大学生管理组织中的单一中心即以管理者为中心、以上级为中心被大学生对话管理组织中的多中心所取代，组织中的任何部门与个人（包括学生）都不能被其他部门和个人所取代，都是管理的主体，都可以成为组织中心。这种多主体、多中心地位是对大学生对话管理组织中民主与平等精神的根本保障。

大学生对话管理组织的内在网络化结构是一种生态结构。大学生对话管理组织因其内部各层级及其人员之间，以及组织与环境之间的多重复合的对话、交流、互动关系的建立，而使其成为一个有机生态系统。生态系统作为生物学概念，是指在一定地域中的生物群落及其与环境之间不断进行物质循环和能量流动而形成一个整体，其各个组成部分通过物质循环、能量流动和信息传递而成为一个具有统一功能的系统，该系统具有反馈调节、相生相赖、有机耦合的内在机制。这种机制就是对话机制，它与对话的内在机理是完全一致的。大学生对话管理组织就是一种生态组织。在这种组织中，大学生管理各方各处自己的"生态位"，各自具有不可替代性，既各自独立又相互交织，各自都为组织贡献力量，又都从组织中吸取有益的养分，共同构筑有机相连、和谐共生的组织生态图景。

大学生对话管理组织作为一种生态组织，具有开放性。它与外部环境之间形成了一种交互共生的生态关系。大学生对话管理组织系统向社区、社会方面的外部环境开放，既从外部环境的状况与要求中寻求自身的价值目标定位，比如根据社会经济发展需要对大学生的知识、素质要求制订大学生管理的目标、内容、措施与方法；又通过自身的管理活动去积极影响、建构学生的知识、素质和能力，经由学生去影响、促进社会的发展与进步，从而回馈社会和外部环境，通过与外部环境的开放互动来确保大学生管理组织生存、发展的力量之源。同时，在大学生对话管理组织内部，无论是纵向的上下层级之间还是横向的各部门及人员之间都形成一种开放对话的关系，每个组织和个人都向其他组织和个人开放，既能吸收其他组织和个人的经验、意见和建议，又能给予其他组织和个人以经验和启发。这样，组织的内外壁垒被打破和消除，组织边界走向模糊化和柔性化，组织具有更大的灵活性和应变性。

大学生对话管理组织作为一种生态组织，具有整体性、协调性和有机性。它强调大学生管理组织系统是作为一个整体而存在的，整体大于部分之和，整体的价值具有优先地位。组织中的每个层级（如校、院、系、班）、每个部门（如学生处、团委、学生会、学生科等）、每个成员（如具体管理者、学生等）都是作为整体的组成部分而存在的，不能与整体相分离，离开了整体就没有了价值和意义；每一个个体或单元只有在整体中才能共生共长，共存共荣。因此，各个部门、单元和个体之间必须协调配合、分工合作，协同推进大学生管理工作的开展。每个部门、机构的行为和活动必须与组织整体的理念、目标相协调，而不能相悖逆，只能起促进作用，而不能起阻碍或相反的作用，否则就不能在大学生管理组织的整体中生存、发展。而且它不仅要求组织内部协调，而且要求组织与外部环境之间协同进化。大学生管理系统作为大学生态系统的一部分，必须与大学其他系统如教务系统、人事系统、科研系统、后勤系统等协同配合，共同推进大学目标。可见，大学生对话管理作为一项系统工程，要求整个大学管理必须具有对话性。大学生对话管理组织的生态性的最根本之处在于其内在联系的有机性，而有机性是生态组织的根本属性。生态系统是（而且必然是）一个很广的概念，它在生态学思想中的主要功能是强调必需的相互关系、相互依存和因果联系，即各个组成成员形成机能上的统一。大学生对话管理组织的有机性在于其内在的精神性、价值性，来源于其内在的活生生的精神相遇关系，体现于其生态系统内部的相互作用、相互影响、相互关联的血肉共生关系。

具有开放性、整体性、协调性、有机性的大学生对话管理生态组织，能够形成一种良性再生的自我调节机制。借助这种自我调节机制，大学生对话管理生态系统中的各个部门和成员都能够使自己适应于物质精神和信息流动的任何变化，彼此相互协调、互利共生、合作共赢，趋向于达到一种稳定、平衡的状态，这是一种动态发展的平衡状态。这时，组织系统各层次之间的联系更加紧密，结构更加合理，功能更加完善，运行更加和谐有序，充满无限的生机与活力，从而实现可持续发展。

二、自组织

20 世纪 60 年代末 70 年代初兴起的自组织理论，揭示了一些自然界普遍存在的规律，这些规律包括：简单确定的系统可以产生简单确定的行为，也可以产生不稳定但有界的貌似随机的不确定性行为，即混沌；当一个系统产生混沌现象时，未来行为具有对系统初始条件的极度敏感依赖性，初始条件的细微变化将会导致截然不同的长期未来行为，因而本质上不可长期精确预测；系统在演化过程中具有自创生、自生长、自适应和自复制等特性。这一理论的诞生，一方面打破了建立在牛顿和拉普拉斯基础上的决定论幻想，另一方面在简单与复杂、随机与确定等方面之间架起了一座桥梁，因而冲击了几乎所有的科学研究领域，使之成为各门学科的研究前沿，激起了包括社会学家、经济学家和管理学家们在内的各学科工作者的极大兴趣。

在管理科学领域，探讨自组织管理是当代管理理论研究的前沿课题。大学生对话管理在组织机制上从传统的"他组织"走向"自组织"，是自组织理论的典型应用范例，顺应了管理理论的发展趋势和内在要求。

大学生对话管理根植于个人主体性之中，它突出、尊重每一个人的主体性，将人与人之间的关系视作主体与主体间的关系，发挥每一个人的主体作用，尊重和张扬每一个人的主体价值，每个人主体价值的实现都是在与其他主体价值的交互作用中完成的，管理目标也是在多重主体的交互作用中实现的。管理各方之间的关系是基于主体与主体的民主、平等关系，管理的基础深植于学生、教师和一般管理者之中，管理的组织机制是一种自下而上的内发机制，上级在下级基础上产生，接受下级的监督，下级民意对上级的去留具有决定意义；管理决策是一种民主决策，管理政策、措施的制订是民主讨论、公共选择的结果，管理各方的行为是一种自主行为，外界指令是自主行为判断的参考选项；上级指令是基于民主之上的法理权力做出的，下级遵从上级的指令是一种自主的理性选择。大学生对话管理的组织动力来源于组织内部以及内外部之间的互动对话。因此，大学生对话管理组织是一种自组织，这种自组织是传统形式的"自组织"与"他组织"的统一，而且"他组织"服从于"自组织"，是自组织机制中的有机组成部分。

（一）开放性

大学生对话管理组织系统的开放性是形成其自组织机制的前提和基本条件。自组织理论表明，一个系统要想形成并保持有序的结构，必须从外部环境引入物质、能量和信息的"负熵"流，并不断排除其"代谢"产物，从而"吐故纳新"，即只有在开放条件下"耗散"才有可能。对于开放系统来说，系统可以自发地从无序进入有序的耗散结构状态。大学生对话管理组织具有这种耗散结构，不仅其内部各层级、各单元、各成员之间处于对话互动状态，而且在组织与外部环境之间也经常地、不间断地处于开放对话之中，并经由这种对话不断地进行着物质、信息及精神意识的交换，组织系统在这一过程中不断地吸收着新鲜的信息而摒弃落后的思想观念和行为方式，使其具有一种新陈代谢的自我调节、自我生长机制。

（二）远离平衡态

远离平衡态是大学生对话管理形成自组织机制的最有利条件。所谓远离平衡态，是指系统内部各个部分的物质和能量分布极不平衡，差异很大。自组织理论认为，系统的有序结构不能从无序的平衡态产生。因为平衡态就像一个吸引中心，它会使有序结构趋向于平衡态而遭到破坏并最终瓦解。大学生对话管理尊重学生、教师及管理者的个体差异性、多样性，立足多样性开展多元化的管理。对差异性的倡导、维护与保持，使大学生管理组织处于错综复杂的动态交融之中，永远远离平衡态。

（三）对话中的非线性相互作用

对话中的非线性相互作用是大学生对话管理自组织机制得以形成和保持的内在根据。系统要形成新结构，构成系统的各要素就既不能是各自孤立的，也不能仅仅是简单的线性联系，只有它们之间存在非线性的相互联系和相互作用，才能使它们产生复杂的相干性和协同性，进而形成区别于原有系统结构的新的有序结构并得以保持。对话是未曾预演的理智探险，与对话始终相伴的是不确定性的产生和不确定性的消除。一切都不可预知，一切又都顺乎自然，这就是对话的玄奥与真谛所在。对话过程是典型的非线性过程，具有情境性和突发性，其内在机理是非线性相干的。大学生管理中内在的各种对话关系的建立，使系统内部各要素处在非线性的相互作用之中，从而形成和保持有序结构，产生自组织机制。

（四）对话造成的"涨落"

对话造成的"涨落"是大学生管理中自组织机制形成的动力学因素。由于系统要素的独立运动或在局部产生的各种协同运动及环境因素的随机干扰，系统的实际状态值总会偏离平均值，这种偏离的幅度就叫涨落。对于任何一个多自由度的复杂体系来说，这种偏离都是不可避免的。当系统由一种稳态向另一种稳态跃迁时，系统要素间的独立运动和协同运动就进入均势阶段，任何微小的涨落都会迅速放大为波及整个系统的巨涨落，推动系统进入有序状态。在系统的演化过程中，系统中那些不随时间衰减，相反却增大的涨落，便成为新的有序结构的"种子"。大学生对话管理组织是多元文化荟萃、交融、激荡的场所，各种不同的思想文化观念与组织固有的习俗、惯例、观念和常规文化发生着不断的碰撞，使组织文化经常发生程度不同的偏离和波动，导致了组织系统的"涨落"，那些敢于向组织传统文化发起挑战，经得起时间的考验，历久弥坚，越来越得到更多人的认同、拥护与支持的思想和行为，就会成为组织中新的有序结构的变革力量。

三、学习型组织

学习型组织理论是当今最前沿的管理理论之一，而学习型组织则是当今最时髦的组织发展趋向之一。大学生对话管理组织是一种学习型组织，它是经由对话的路径构造组织的学习机制，促进组织的团体学习和系统思考，实现组织创新的目标。对话精神是一种学习的精神，大学生对话管理组织与学习型组织具有内在的一致性。

首先，大学生对话管理组织充盈着学习型组织的五项修炼。管理各方在对话中不断接受着新的思想、新的观念，不断挑战自己的思想底线，进行着一次又一次的超越。超越性是对话的内在本性，对话是实现自我超越的最佳路径与方法。与自我超越相伴随的是心智模式的改善。组织成员在各级各类的对话中，不断审视着自己的心智模式和思维假定，通过不同的心智模式和思维假定之间的碰撞、融合，不断吸收新的思维因子，去除过时的思想要素，使自身不断波动、涨落而实现改善、提高与发展。大学生对话管理组织是知识、思想共享的场所，是一个对话的共同体。对话共同体追求共同的愿景，形成共同的文化。而共同愿景既在对话中确立，又在对话中发展。大学生对话管理中的学习是团体学习，它不是局限于少数层级和管理者中，而是存在于所有层级、所有环节的所有组织成员之中，并形成团体合力，学习已经成为组织的一种习惯和行为模式。大学生对话管理中的学习还是一种系统思考。对话无边界，它涉及组织中的所有问题，组织成员在对话中探讨各种问题的解决之道，全面了解组织成员的各种需要，全面考察组织的各种关系、发展目标和整体利益，系统思考并制订组织的发展战略。五项修炼融于大学生对话管理组织的一体化关系与过程之中，使之具备了学习型组织的内在属性。

其次，大学生对话管理组织内含了学习型组织的几个关键要素。大学生对话管理组织是信息共享的组织。在此组织中，信息是完全公开与对称的，组织成员享有相对平等的信息获取机会与条件，拥有基本的能够进行平等对话的信息资源，能够及时获取组织公共信息——这是大学生对话管理的基本前提条件。基于民主对话产生的领导是有头脑的领导，因为民主对话崇尚真才实学，摒弃不学无术，只有高素质的、具有创新思维的管理者才能成为大学生对话管理组织的领导者。大学生对话管理组织是动态发展着的组织，它时刻关注学生的新特点、新变化，时刻聚焦社会环境的新情况、新问题，时刻吸纳外界的新思想、新观念，因而它制订和推行的是与时俱进的管理战略、规划与方法。它从传统的集权化取向走向分权化管理，授予下级管理者特别是基层的学生辅导员充分的自主权，相信他们的智慧和能力，发挥他们的主体性，鼓励、支持他们的创造性作为，使他们人尽其才，发挥最大的作用。

对话是文化的联结与衍生。大学生对话管理的重要任务是营造一种积极健康、格调高雅的对话性的校园文化氛围，形成一种强势的校园文化影响力，促进大学生管理各方特别是学生的"自在栖居"与和谐发展。大学生对话管理组织是一种立体多维的、扁平化的、网络化组织，这与学习型组织的横向组织结构是完全一致的。

第三节　大学生对话管理目标和方法

一、大学生对话管理目标

（一）大学生对话管理基础性目标

大学生对话管理的基础性目标包括学生知识的建构、对话意识与能力的培养、非理性因素的发展等，这些目标既是对大学生对话管理的基础要求，也对人的主体建构与发展起着基础性的作用，是大学生对话管理最低层面的目标。

1. 建构知识

知识是主体在与外部世界（包括其他主体）相互作用的基础上所获得的认识，是人们就认识对象所持的某种描述、判断、认识、观念、看法或主张。知识是人类理性和智慧的源泉，是人及人类社会发展的推动力量。知识既是教育的重要内容与载体，更是教育的主要目标之一。大学是探究高深知识的场所，现代大学已经成为知识保存、传播、应用和创新的主要集聚地。大学生进入大学的主要目的也是学习知识，所以大学生管理理所当然也应确立促进学生知识学习的目标。

传统的大学生管理对此没有足够的认识，大多停留在为管理而管理的层面，更多的是致力于管住学生，使学生遵守校规、校纪，通过维护正常的教学秩序，调动学生学习的积极性，去辅助教学的开展，间接促进学生的知识学习。这固然是其一方面的功能与作用，但它却没有达到大学生管理与教学是处于同等教育途径地位的认识高度，没有认识到大学生管理本身就是学生学习知识的环节，纵使认识到了这一点，也只是在致力于某种知识或信念的灌输、传递与教化。

大学生对话管理则基于知识建构性本质的新认识，顺应知识建构的对话机理，本身就具有知识建构的内在品性，同时也以达到学生的知识建构为目标追求。它致力于在管理中构建一种对话共同体，创造和形成一种学生知识建构的情境和场域。在大学生对话管理中建构学生的知识，既包括科学知识，也包括人文知识。科学知识为人的发展提供基础和手段，人文知识指引人发展的方向和目标，二者相互补充，共同推动人的和谐、协调发展，缺少任何一方面，都会导致人的发展的完整性的支离。缺乏科学知识，人就不能正确认识世间万象及其规律，就不能实现人类社会的发展，甚至使人不能立足于世界；缺失人文知识，将使人道德沦丧和精神退化，最终迷失自我。科学与人文是人生发展的两翼，二者共同铸就幸福、美好的人生。科学提供幸福的物质前提，人文提供幸福的精神条件；科学解决人的生理平衡问题，人文解决人的心理平衡问题；科学使人获得现实的利益，人文使人享受到理想的快乐；科学以实在的方式让人感受到适意，人文以超越的方式使人体验怡然自得的意境；科学将有限的、具体的满足赐福于生活，人文将无限的、永恒的激情灌注于人性。

2. 培养对话意识与能力

对话的更深层次的隐喻是一种对话意识，如果没有一种对话意识，即使使用了纯熟而优美的语言，即使在谈话中有问有答，即使这种问答花样百出，那也只是机械的问答，绝非真正的对话。因此，真正决定一种交谈是否对话的，是一种民主意识，是一种致力于相互理解、相互合作、共生共存、和睦相处和共同创造的精神和意识，而这就是对话意识。以这种对话意识和精神看待他人他物，处理与他人他物的关系，是一种全新思维。大学生对话管理的重要目标就在于培养学生的这种对话意识与能力，实现与他人他物共生共存的发展。

1）反思与批判的意识与能力

人是自我超越的存在，人的超越是在"应然价值"的引领下，通过对现实状况的反思和批判，达到对人的现实规定性的否定而实现的。反思是前提，用于发现问题与不足；批判是反思的延续，用于找到解决问题之道，实现新的超越与发展。

反思与批判是对话的内在精神与力量所在，是人所特有的意识和能力，这种意识和能力需要弘扬和培养。反思与批判的意识与能力是学生自主性和创造性的体现，是青年大学生必备的素质和能力，是青春朝气与活力的象征，所谓"指点江山，激扬文字"正是对大学生这种精神品质的真实写照。

大学生对话管理正是借助对话的力量来培养大学生反思与批判的意识与能力，使大学生不唯书、不唯上、不唯师，善于发现问题，敢于提出问题挑战权威，打破旧的思想和观念；善于反思，敢于批判，不为流行的思想与观点所左右，敢于表达和坚持自己的主张，敢于同不良风气做斗争，敢于坚持真理、修正错误；把现实看成是一个过程、一种改造，而不是静态的存在，能以自己全部的生命去参与、去投入、去探究。

2）交往与沟通的意识与能力

在现代社会，人的交往与沟通能力显得极其重要，因而受到普遍重视，业已成为教育关注的焦点。面对未来教育的挑战，教育必须围绕四大支柱（即学会认知、学会做事、学会与人共处和学会生存）来重新设计和组织。在这四大支柱中，交往与沟通能力的培养贯穿始终。学会认知是在培养学生用符号化的"文本"开展交流和"对话"的能力；学会做事重在锻炼学生与他人、集体和社会的交往与沟通能力；学会与人相处和学会生存，更是在培养学生与他人、周围世界及环境的适应、沟通能力。

大学生对话管理是培养大学生交往与沟通的意识和能力的有效路径与方式，它在让学生尽可能多地掌握人类不同的知识形式、理解形式与思维形式的基础上，尽力培养学生的适应生存能力、情感体悟能力、倾听领会能力、语言表达能力，以及人际交往的能力与技巧等，为学生的生存与发展提供有力的工具。

3）共享与合作的意识与能力

竞争是人类社会发展的动力之一，但是过度竞争导致了人与人之间关系的恶化，使自然遭到破坏、资源面临枯竭，使人类社会面临种种冲突、危险甚至杀戮与战争。20世纪人类恶性竞争式的发展，已使我们的世界伤痕累累、千疮百孔。因此，片面的单一向度的竞争没有出路，人类只有合作，才能协同共进、共生发展。而教育对于培养人的合作互助精神与能力负有不可推卸的责任。

当今的学生绝大部分是独生子女，从小娇生惯养，天生地以自我为中心，存在严重的依赖心理和自私独享倾向，与人共享、合作的意识和精神较为缺乏，因此，培养他们共享与合作的意识与能力就更显迫切与必要。对话是一个过程，可以帮助我们挖掘自身潜力，增进合作水平，平衡合作与竞争之间的关系。在某种意义上，对话是处理人际关系的新方式，使我们在无论面对何种处境时都更有依靠。它赋予了我们一种相互合作、处理危机、进行决策、解决问题的新方式。对话，还帮助我们从合作的角度出发，建立起良好的团队关系。大学生对话管理能够帮助培养大学生参与共享、合作互助的意识与能力，使大学生学会与他人合作共处，并通过与他人的合作实现共同发展的目标。

4）创新的意识与能力

创新是人类发展、进步的灵魂。创新精神与能力是高素质人才必备的首要素质。教育的任务就在于通过知识的传授，使学生养成创新的意识，具备创新的能力。创新精神是一种质疑探究的精神。具备创新精神的学生必须具有问题意识和怀疑精神，不迷信权威，不因循守旧，敢于质疑，善于质疑，勇于探索，通过投身实践去发现、创造新的知识和思想。创新精神是一种进取精神，它最终指向真理，而这正是对话的追求。

对话具有开放性与流动性，这是它的创新之源。对话是一种未曾预演的理智探险，它并没有一个特定的终极性目标，永远面向未来开放，面向人类永无止境的未知领域开放。对话的完成不在于形成确定不变的知识，而在于由对话经验本身激起新的更多、更好的对话。当我们谈得更多、更好时，我们就会成为不同的人，我们就"变革"了自己。大学生对话管理的过程就是大学生的创新意识和能力被不断激起和培养的过程，在此过程中大学生不断获得新的认识，又不断指向新的目标，生生不息，永无止境。

3. 发展非理性因素

非理性是与理性相对应的概念。理性是指人们在意识反映控制下自觉地认识和把握事物的抽象思维能力、形式与活动，其主要表现形式是概念、判断和推理，具有内在性、自觉性、抽象性、逻辑性等特征。

非理性则可从广义和狭义两方面来理解。在狭义上，它是指人的主体结构中属于非理智、非认知方面的因素，如动机、欲望、情感、意志、信念、习惯等；在广义上，它还包括人的认识中的非逻辑因素，如幻想、想象、猜测、顿悟、直觉、灵感、潜意识等。

非理性因素虽然以意识反映为基础，但常常不为意识反映所控制，具有不自觉性、不确定性、突发性、瞬时性、非逻辑性、非语言性、体验性、创造性等特征。非理性在人的主体活动中具有驱动、激活、选择、调控、维系与突破等方面的重要作用，往往是人的主体个性中比理性因素更为重要的标志，是构成个性的动力因素，是形成人的认识的重要的主观机理，是人的创造性的源泉。

传统教育是一种理性教育，注重学生理性知识的传授和理性精神的培养，忽略了学生非理性因素的培养与发展。如果说教学的主要功能在于促进学生理性因素的发展，那么教学之外的管理就理应以促进学生非理性因素的发展为己任，这样才能使二者相互配合，协同促进学生的发展，但是传统的大学生管理同样深受理性主义的影响，甚至是一种极致形式的理性管理。它以"工作"为中心，遵循科学理性的逻辑和管理活动的客观规律，强调科学的决策，定量化、标准化的管理，稳定有序的组织结构，明确的职责分工和严格的规章制度和纪律控制，等等。这种理性管理模式不仅不能发展学生的非理性因素，反而极力排斥、压制、扼杀学生积极的非理性因素，严重阻碍了学生主体的完整发展。

大学生对话管理正是对学生受压抑的非理性因素的解放，追求的是学生非理性因素发展的目标。它把管理的规律与法则、规范与秩序、制度与程序等融入以人为本的人性化管理之中，重视人的社会、心理因素在管理中的作用，注重学生心理和情感方面的需要与体验，是理性管理基础上的一种非理性取向的管理，在其中，学生的非理性因素能得到合理的保护、激发和自由发挥。对话是对话双方或多方全身心地投入和全方位地展现，其中既包括理性因素，也包括非理性因素，特别是非理性因素的介入与发动，使对话充满激情和勃勃生机，这又将引发更多、更新的非理性因素的产生。

在对话中，人的动机、情感、意志、信念等因素会不断生发、碰撞与发展，人的想象、猜测、直觉、灵感、潜意识等因素会不时跳跃、迸发和闪现，从而使得对话遐想无边、妙趣横生、其乐无穷。当然，非理性因素有积极和消极之分，其积极成分如情绪情感中的激情、热情、好奇心等能激活人的各种意识要素，调动人的认识潜能，促进传理和人的发展；而消极成分如情绪情感中的冷漠、厌恶、焦虑、失望等则会抑制人的认识，延缓认识的进程，从而阻碍、干扰和破坏管理与人的良性发展。那么倡导发展非理性因素会不会良莠不分？这倒大可不必担心，因为真正的对话具有发展与矫正的内在机制，即它能发展、强化良好品质与因素，矫正、去除不良品质与成分，实现"扬长避短"，促进组织与人的良性发展。

（二）大学生管理发展性目标

1. 建构可能生活

大学生对话管理回归生活世界，它立足于学生的现实生活，建构学生的可能生活。可能生活是现实世界所允许的生活，但不等于现实生活。可能生活是理想性的，它可以在现实生活之外被理解。如果一种可能生活得到实现，它就是现实生活，可能生活可以定义为每个人想要去实现的生活。由此可见，一方面，学生的现实生活是可能生活的基础和前提。可能生活并不意味着脱离人的现实生活，排斥或否定人的现实需要。现实生活是学生唯一能够真实把握、得以充分享有的生活形式，也是学生真实拥有的发展可能性得以不断实现和不断生成的过程。另一方面，可能生活又是对学生现实生活的反思、批判和超越。它指向一种"尚不存在"的理想生活，体现着人的可能之在，是人面向自己拥有的各种发展可能性所做的主动筹划，主要指向人所拥有的、具有积极意义的发展可能性，代表着人生活的希望。

因此，可能生活既介入学生的现实生活，又超出学生的现实生活，是一种既源于学生的现实生活，又高于学生的现实生活的理想生活形式，是一种基于历史和现实而指向学生的未来与可能的动态生活形式，是一种自成目的性、富有生活意义和生命价值的生活形式。现实生活是人的基本生存状态，它决定了人的生存和延续；而可能生活是人的生活的理想形态，它决定了人的自我完善与自我实现的高度。大学生对话管理作为一种生活管理方式，就在于它引导学生从现实生活出发，去体验、反思、批判现实生活，去感悟生活的真谛，去梦想、去创造更加美好、更加完满、更富价值和意义的可能生活。大学生对话管理的过程就是现实生活不断被超越、可能生活不断被建构的过程。

可能生活追求的目标是幸福。可能生活是一种合目的性的生活，是基于幸福追求的一种选择，尽可能去实现各种可能生活就是人的目的论的行动原则，就是目的论意义上的道德原则，这是幸福生活的一个最基本条件。所以，可能生活的实现是幸福生活的前提，这同时意味着生活意义与价值的丰富；而幸福生活是可能生活的目的，是超越现实生活的一种创造性生活。生活的意义必定在于生活本身，生活的意义在于创造性地去生活并且创造可能生活。幸福生活与有意义的生活是同一的。幸福不同于快乐，它能给人一种持久的祥和与愉快之感，而快乐只是一时的兴奋；幸福是生活本身的成就，并且幸福所构成的意义可以改变人生的整个画面，而快乐是消费性的，它留不下什么决定人生意义的东西。幸福也不同于欲望的满足和利益的获得，它超越了主观性的原则，具有更普遍的伦理意义。幸福原则是为每个人着想的，它所揭示的生活方式有助于提高每个人的生活质量，它将指出每个人如何更充分地利用自由去把各种可能性变成充满活力的现实生活。

可能生活是全面性和多样性的生活。人是一个完整性的存在，是一个由自然与社会、生理与心理、物质与精神、理性与非理性、科学与人文等多层面、多因素构成的综合体，人的心理需要也是丰富多样、复杂多变的，甚至可以说是不可穷尽的，然而也正是这些使人成为世间最崇高、最伟大、最不可超越的存在，同时也决定了人的可能生活的全面性与丰富多样性。因此，大学生对话管理的任务就在于创造全面、多样的生活条件与空间、文化环境与氛围，去培植、建构学生全面多样的可能生活，鼓励他们自主选择、自主筹划、自主决定自己的生活方式，引导他们感受、理解、省察和创造自己的生活，在充满不确定性的生活中，学会鉴别、学会选择，做出判断；使学生成为自己生活的主人，追求一个较"今日之我"更为完满的"明日之我"，不断超越现实生活，走向属于自己的可能生活，创造更加灿烂、美好的明天。

2. 追寻人生价值与意义

人在世界中存在，把自身与世界都看作是有意义的，把自身与世界的关系也看作是有意义的，否则他的生活便是无意义的。因此，人必须追求意义，因为意义才能使人的生命有价值。人生受意义的引导，有意义的人生必定是完满的、充实的。人生意义的引导是一种精神的力量，它使人有价值地生活，使人有期待，使人努力奋斗，使人对人生、对生活进行有意义的筹划。人生不断地寻求意义，也就是在寻求中实现意义，而人生对意义的追求就表现为"我的生活，我的所作所为必须是有根据的、有价值的"。人生的价值与意义首先在于超越与创造。现实世界的"不如人意"和"不能满足人"的性质，使人需要以一种积极的态度超越现实，去追求一种更适合人生活的生存境界。人总是满怀希望地期待着明天，人生的自由、创造、价值与责任就根植于人的这种未完成性和这种希望的人生。

人能在实践活动中，在"自由自觉"的创造性活动中，去形成真正属于自己的价值生命、文化生命或者说"类生命"，并且只有在这种超自然生命的创造中，人才真正称其为人，并感受到人生的真实幸福与乐趣。人的使命就在于不断通过自己的创造性活动，逐渐升华其价值，使人不断"生成为人"。人之伟大，人之超越动物，就在于人不再是自然之手驯服的机器，人成了自己行动的目标（赫尔德语），永恒超越和不竭创造是人应具备的精神境界。人生的价值与意义还在于奉献与给予。价值、意义均属关系的范畴，体现的是人与世界的一种关系——"意义来自人在其世界中的牵涉"。

因此，人只有走出自我，走向他人，走向世界，并将自我奉献给他人，奉献给世界，其人生才真正具有价值和意义。索取的人生只能导致物欲的膨胀，最终将人淹没于物质与利益的世界。只有在奉献中，在给予中，我们才能感受到自己与他人的关联，才能发现自己对他人的价值和意义，才能感受到真正的满足感和成就价值，才能体会到真正的幸福。可以说，奉献的过程、给予的过程就是人生价值与意义的呈现过程。

大学生对话管理正是通过管理对话使大学生从自己的生活世界中体验、领悟，进而阐释和理解人生的价值与意义，超脱令人眼花缭乱的物质功利世界，从实然走向应然，探寻人生精神、价值与意义之境，不断去超越、去创造、去奉献、去给予，去实现自我又超越自我。大学生对话管理过程就是价值意义的追寻过程，这是一个不断变化、发展的过程，永远处于未完成状态。人生对意义的追求永远处于过程中，人生从来没有不变的意义，人生就是在追寻中实现价值，人就是在不断地理解中获得意义的引导，从而使自己的生活有目的、有价值，使自身从现实的境况中站立起来，超越现实，进入未来。追寻价值、意义的人生，必然是完满充盈的人生，必然是有价值、有意义且幸福的人生。这样的人生理应成为大学生的追求。

（三）大学生对话管理终极目标

任何事物都是特殊性与普遍性的统一，大学生对话管理也不例外。从特殊性讲，大学生对话管理的终极指向性目标是培养学生的对话理性，引导其对话人生。从普遍性讲，大学生对话管理是一种教育意义上的管理，它要以实现教育的目的（即人的主体建构与发展）为自己的终极指向性目标。

1. 培养学生的对话理性，引导其对话人生

无论是大学生知识的建构、各种对话意识及相应能力的培养，还是人格的完善，乃至可能生活的建构、人生价值意义的追寻，最终都指向一处，即学生对话理性的形成。在对话理性指引下的人生即对话人生，这是一种崭新的人生，将把人带向一个新的境界。

对话理性是在对话理念与精神基础上升华而形成的一种主体精神构造，它嵌入人的本体精神与意识深处而成为人的内在品性。对话理性是对科学理性的补遗和纠偏，是对传统价值理性的超越，是在突破主客二元思维模式的主体间性新视野下对二者的有机融合。它以科学理性为基础机制，以价值理性为目的取向，是一种新形态的理性，是人类理性发展的未来走向。

2. "对话人"：人之主体建构与发展的目标指向

大学生对话管理以实现教育目的为最终目标。那么，教育目的是什么呢？对于这个问题学术界一直存在着不同的观点与争论，但近年来随着对工具化教育危害的揭露与批判的深入，对于教育应以人为目的的认识在我国教育界已达成了基本共识。在此基础上，进一步将教育的目的定位于人的主体建构与发展。这里的"主体"不是传统的主客二元思维模式下的单子式的占有性主体，而是在对话哲学主体间性视野下的处于关系中的共生、共在、共享的主体，是一种交互主体、类主体和共主体。

人的主体建构与发展是平衡发展基础上的个性化发展。"平衡发展"是指人的德、智、体、美、劳等各方面的素质与能力的协调发展，强调的是人发展的完整性。完整性是相对于片面性而言的。德、智、体、美、劳等构成现代人发展的整体，缺一不可，衡量的底线是"不失调"，即不致使某一方面发展明显的或严重的缺失，任何片面的发展都是对生命完整性的背离，甚至导致人的畸形发展。平衡发展只能构成人的主体建构的基础，而不是目标，目标需要在此基础上追求个性化发展。个性是人的丰富多样性的生动体现，是人存在的现实的表征，因此，教育的目的应是在追求学生平衡发展基础上的个性化发展，而不应是全面发展。全面发展的完人目的观作为一种美好的理想，是缺乏现实性的，它抹杀了学生的个性，追求的是趋同化、单一化、标准化的发展目标，值得反思。而个性发展的教育目的观则主张多样化、多元化的发展目标，它放弃教育中的"宏大叙事"风格，倡导开放和多元，建构和发展学生主体的差异人格和独特个性。

人的主体建构与发展的目标指向是形成一种"对话人"。当今时代的显著特征和核心精神是对话，未来社会是共生的社会，是生态的社会，是对话的社会，未来人是对话人。对话

理性与对话人生的主体就是对话人。对话人的人格特质是理解、尊重、包容、民主、平等、开放、自由、共享与和谐等精神意识，它是能与他人、社会及自然和谐共生、协同发展的人。在整个社会几乎被物欲淹没、被工具—技术理性所主宰、全面异化而"物极必反"的今天，这种对话人已成为人们内心的普遍呼唤与向往。并且，随着人类社会开始步入马克思所设想的三个发展阶段的第三个阶段，即"建立在个人全面发展和他们共同的社会生产能力成为他们的物质财富这一基础上的自由个性"形态阶段的趋势日益显现，普遍交往时代开始来临，这种对话人的特征已开始初步呈现。

对话人萌芽于当代社会，为当今社会所渴求，但由于受社会历史条件限制，它还不能成为当今社会的主体，但毫无疑问，它将是未来社会实践活动的主体，是未来社会理想的人格范型。在今天，倡导大学生对话管理，以培养对话人为目标，以对话人为理想范型促进人的主体建构与发展，既是在为当今社会培养引领者，又是在为未来社会培养新人，这体现了大学生对话管理的当代意蕴和未来价值。"对话人"正是大学生对话管理的全部理论与实践的旨趣所在。

二、大学生对话管理方法

对话既是一种管理的理念，也是一种管理的目标，更是一种管理的方法。大学生对话管理在管理方法上从传统的行政式命令转变为对话式商谈，从以训导为主的管理方式转变为以引导为主的管理方式，这是一种管理方法的根本转向，它强调通过对话的方式导向学生自觉自愿的行动。

（一）信息公开与网络对话

1. 信息公开

信息是一种宇宙现象，它与物质、能量并列为客观世界的三大要素。信息是事物存在的一种表征，世界上一切事物都作为信息源而存在。管理中的信息是管理活动中的各种消息、情报、数量、指令、密码、符号、文件、政策等信号的总称。信息贯穿于管理活动的整个过程中，有效的信息沟通是有效管理的保证。管理过程就是各种信息不断地加工处理和反馈循环的过程，就是信息沟通的过程。信息是组织的"血液"，要维护组织的正常运转，必须保证"血液"的循环通畅。

信息不对称是导致管理不公的重要原因。信息不对称理论认为，当市场交易一方比另一方拥有更多的信息，处于信息优势地位时，便有利用信息不对称进行欺骗的动机。当产品的卖方对比买方拥有更多的信息时，低质量产品将会驱逐高质量产品，从而使市场上的产品质量下降。在信息不对称的情形下，人们可以通过有策略地使用信息来谋私利。这种信息不对称现象不仅发生在经济领域，同样也普遍地存在于政治、管理等其他领域，是导致权力寻租产生腐败等不公现象的真正根源。

　　在大学生管理中，信息的不对称性导致一部分学生利用其与管理者的特殊关系而获得种种优待，如评优评奖、良好的就业机会等，这些学生往往学习不努力，处处投机取巧，时时巴结管理者，而那些脚踏实地、学习刻苦认真的学生反而在竞争中处于劣势，这容易挫伤后者的学习积极性，从而产生类似低质量产品驱逐高质量产品的相对差生排挤优等生现象，并由此衍生诸多不良风气。况且，由于信息不对称，使管理者往往拥有更多的信息，处于信息垄断地位，从而有权控制、支配学生，使学生与管理者处于不对等地位，不可能开展平等对话。对话要求打破信息的不对称性，寻求信息的平等。

　　信息代表着一种话语权，拥有一种信息就拥有相应的话语权。对话本身就是一种信息沟通，就是一种话语权的交换。信息不对称导致对话双方先天话语权不平等，因而无法对话。因此，对话要求信息公开，只有信息公开，才能消除信息的不对称性，因此信息公开是对话的先决条件。另外，信息公开本身就是一种对话。大学生管理中的各种信息是管理者的意志、看法与主张的体现和载体，公开这些信息，让学生与这些信息对话，其实也就是在让学生与管理者对话，它既作为管理各方先前对话结果的对话，又作为进一步展开对话的基础对话。可见，信息公开既是大学生对话管理的基础和前提，又是大学生对话管理的方法与路径。或者说，信息公开本身就是大学生对话管理的一种体现形式。

　　在大学生管理中，信息公开的基本要求是及时、准确、客观与全面。

　　2. 网络对话

　　网络对话是大学生管理的新兴领域，具有以下不同于其他任何对话的新特点：

　　（1）虚拟性。网络是一个不同于现实世界的虚拟世界，网络对话的各方往往都是以匿名方式进行的，但虚拟不同于虚无，它是真实存在的。

　　（2）本真性。由于其匿名性，对话各方没有任何顾虑，因而对话往往是无任何保留和遮掩的，是一种本真的、野性的流露。

　　（3）自由性。它不受任何控制，是一种无拘无束的真正的自由对话。

　　（4）开放性。网络没有任何边界与禁忌，是一个无限开放与包容的空间。

　　（5）便捷性。网络对话具有方便、快捷的特点。

　　网络对话是大学生对话管理的重要渠道与路径。在大学生对话管理中，要构建全方位多层次的网络对话平台，使学生能够通过网络直达管理者和教师，使管理者和教师能够通过网络走近学生，学校各级管理者在此过程中应承担不同的职责与任务，分工合作，协同推进。学校要大力加强校园网建设，确保每一个学生及各级管理者和教师在自己的自由时间内能自由上网，制订相应的促进大学生网络对话管理的规章、措施。

　　在此基础上，校、院（系）重在建好网站（页），办好各种独具特色的论坛（BBS），抓好各种信息的网上发布，通过网络实现各种事务的公开与透明；承担学生管理主体职责的辅导员、班主任重在建微信、QQ群，发布各种学生管理事务信息，与学生开展日常交流与对话；各个班级及学生社团组织重在建好自己的博客与各种形式的沙龙与论坛，广泛吸引学生参加各种主题的网上讨论。特别是此前已述及的广大的专业教师在教学之外也应承担学生管理者的职责，但是绝大部分的教师在课堂教学之后离学生越来越远，根本没能走进学生的生活世界。

事实上，由于时空的限制，要让绝大多数教师在现实生活中的课堂之余去更多地、面对面地接触、了解学生，真正与学生对话、交流，促进学生发展，只不过是一种完美的想象，是几乎不可能真正实现的，而网络却可以将这种理想付诸实现。广大教师可以通过各种形式的网络对话，特别是以博客的形式与广大的学生在线交流，走进学生的生活世界，发挥自己的人格魅力去影响、教育学生，实现与学生的共同成长。

此外，对学校各级领导者来说，应向学生开放电子邮箱，接收学生的来信与投诉，并及时给予相应的答复、处理与解决。通过学校纵横交错的网络对话平台，使学生能够及时了解有关信息，使学生的意见得到及时反馈，使学生的任何思想问题与困惑都能得以倾诉，并寻到知音，从而得以疏导与解决。在网络对话中，必须遵守和顺应网络对话自身的特点，保持网络对话"原汁原味"的特征，比如学生参与网络对话一般都是以匿名方式进行的，但也有可能因为真情流露或其他话语特征而暴露身份及其相应的一些隐私或隐秘之事，除非涉及重大违纪、违法或其他特别原因，管理者和教师要为之保密，切不可将之公布于众。只有这样才能保证网络对话不变味，才能使之长久坚持，并取得学生的信任，学生才能放心参与，否则真正的网络对话将不可复存。随着网络对学校生活的全面融入，以及学校生活对网络的全面依赖，网络对话将成为大学生对话管理的主渠道与主方法之一。

（二）尊重差异与共享性思维

1. 尊重差异

世界上不存在两片相同的树叶——世界是多样性的，多样性产生差异，差异的存在具有客观性、普遍性。差异是对话的基础，差异产生对话，世界上千差万别的事物构成了一幅五彩缤纷的对话图景。差异之间的对话是事物发展的内在动力。差异的存在是事物的本然，消灭差异就是消灭事物本身。因此，差异不仅不应被消灭（也不可能被消灭），而且理应受到尊重和保护。每一个大学生都是一个独特的生命个体，不仅长相千差万别，心理因素更是复杂多样，这种差异性的存在理应成为大学生管理的立足点，大学生管理的目的不应是去消除这种差异，因为它永远不可能被消除，而应是在这种差异的基础上促进每个学生独特个性的发展。传统的大学生管理往往漠视学生的差异，统一思想，统一标准，统一规范，统一各种规章制度，用统一的"模子"去规制学生，打磨学生，它的一切作为其实都是在千方百计地去除学生的差异性，使学生成为符合某种预制标准的"人才"，却往往导致学生"千人一面"，缺乏独立的个性。

大学生对话管理应正视差异、尊重差异、善待差异、利用差异，以促进管理各方特别是大学生的发展。首先，应承认、尊重学生不同的思想观念和生活方式，学生来自"五湖四海"，他们的文化背景、成长环境、生活经历往往存在很大的差异，因而看待事物的方式，生活的态度也会有很大的不同，这是很自然的，无须强求一致。其次，应尊重学生的个性与兴趣爱好，不将个性独特的学生视为"异端"，而是鼓励其发展，将学生的兴趣爱好视为其特长，积极支持并加以多方引导。最后，反对单一化的评价标准，要求对学生进行多元化评价，视每个学生为"人才"，相信他们都能够"成才"，从而同等对待，一视同仁。因为按照加德纳的多元智力理论，每个人都同时拥有多种智力，多种智力在每个人身上以不同的方式、不同的程度组合存在，使得每个人的智力都各具特色；每个学生都有自己的优势智力领域，学校里不存在差生，全体学生都是具有自己的智力特点、学习类型和发展方向的可造就人才。学生的问题不再是聪明与否的问题，而是在哪些方面聪明和怎样聪明的问题。

大学生对话管理的任务就是因材施教，因材施管，为学生的多样化发展创造各种环境和条件，使每个学生的智力特别是优势智力都得到激励与开发，使每个学生都获得"自足其性"的发展。大学生对话管理还应强调不同学院之间特别是不同学科专业之间的差异，根据学科、专业的不同特点对学生进行特色化管理，摒弃单一的统一模式，设置多元化的管理目标，施行多样化的管理方法，促进管理的权变性与灵活性。在大学生对话管理中，尊重差异还包括尊重不同管理者的差异，尊重管理者的创造性，发挥每一个管理者的聪明才智和创造精神，形成不同的管理风格与艺术。大学生对话管理没有固定的模式与方法可循，它作为"行动的哲学"，不是统一的、永恒的，而是动态的，更多的是偶然的；它是一种艺术，更多的是依赖于管理者的责任心与创造性。因此，管理者要层层放权，上级尊重下级，尤其要鼓励、尊重、支持和发挥基层的首创精神和开拓精神，使各种与众不同的创新做法都受到应有的积极保护。在大学生对话管理中，尊重差异还必须合理处理冲突，变冲突为机遇。有差异就必然会有冲突，冲突也是一种对话，只不过是一种激进的、带有破坏性的对话，个性的差异常常是冲突的温床。视而不见并不能解决问题；被掩盖的矛盾往往会出其不意地爆发。如果管理团队懂得如何从中学习、利用的话，矛盾冲突也可以成为团队的资源。因此，这就要求管理各方学会宽容差异、包容冲突，学会相互理解，在冲突中融合差异、利用差异、发展差异，将差异导向合作，从而产生"以他平他""和实生物"的功效。要充分发挥管理团队的潜力，必须利用好成员的差异性。你要了解每个人的长处与短处，通过集体合作，发挥出比所有人简单叠加更巨大的能量。只有战胜个体差异，扬长避短，才能发挥所有人的潜能。尊重差异，包容差异的冲突可以成为管理各方从中学习、激发创造性的时机，可以转化为向别人学习的同时帮助别人的机会，这将成为大学生管理新文化的开端。

2. 共享性思维

所谓"共享"有两个层面的意思：它最初的含义是"参与、分享"，就像分吃食物一样——大家从同一个碗里扒饭吃，大家一起分吃面包或者其他东西；第二个含义是指"参加、分担"，即做出你的贡献，意味着你被接纳并融入整体之中。把此两层含义合在一起，就是要求在考虑问题时把主体和客体结合在一起，而不是把二者割裂。共享性思维是相对于平实思维而言的，平实思维旨在依据现实的实际面貌来反映现实——它宣称自己总是如实地告诉你事物的本来面目。我们倾向于把它当成最好的思维方式。比如专业技术思维，就旨在尽量精确、实在地描述事物。它以实用为目的，以结果为导向，导致了思维的分裂性，它总是以解剖的方式去分析事物，通过思维把事物分解成为各个部分。它把每个事物（包括人）都当成一个独立和互不关联的客体对象，它视人为工具或手段，而非目的或结果，这是导致人类冲突的根源。共享性思维是与此不同的一种感知和思考方式，在这种思维模式里，各个事物之间不存在明确的界限，它们彼此可以互相弥漫渗透；万物之间都存在着一种潜在的互相联系，我们对世界运动的感知乃是对某些永恒本质的参与和共享。这是百万年前我们人类就有的思维方式，但后来由于平实思维的盛行，它却莫名其妙地躲入阴影里，变得黯然失色。然而它仍蛰伏于我们的意识深处，悄悄地起着作用。因而，它倾向于把事物作为一个整体来看待，认为普天之下的万事万物都互相参与和分享彼此，万物的精神都是一样的。这种参与和共享无处不在，其精神实质便是包容。即使思维会以一定的方式来区别事物，但共享仍无处不在——它存在于人与人之间，存在于思维和情感之间，存在于任何事物之间……它用一种新眼光来观察事物——认为万事万物都"包容"于万事万物之中。归根结底，包容性是万物的根本，我们眼前所展现的事物则只不过是这种内在包容性的外在展示或呈现而已。

共享精神渗透于对话之中，共享性思维则是对话的精髓所在，也是大学生对话管理的根本思维方法。与对话相伴而生的，还有一种参与和共享的精神。也就是说，每个人不但参与和分享对话的过程，而且也都能对对话的推进有所贡献。即使你的贡献并没有得到明显的体现，你仍然是在共享对话，仍是在以某种方式参与对话。各种思维、情感、观念与意见都渐次侵入，即使我们竭力抗拒，它们也会在我们身上肆意生长。因此，共享性思维是联结大学生对话管理各方的思想意识基础。大学生管理的各方在对话中走出自我，融入团体，他们既参与其中，又分享彼此，不拒绝和排斥任何一个人，即使个人有不同的意见，也会很快被团体所吸纳，并融入团体之中，这种共享精神与理念已渗入每个人的思想意识里，成为他们处理各种事务与关系的思维方式与方法。在这种思维方式下，在管理中形成了"我为人人，人人为我"的良好精神氛围，每人都为他人着想，理解他人，尊重他人，包容他人，关怀他人，帮助他人，积极主动地为他人做出自己的贡献。这样，人人都是贡献者，人人也都是受益者，这是一种双赢、共赢甚至一赢俱赢的结构，人人都是胜者。这种共享性思维浸润下的对话管理，使我们心胸开放，使我们认识到我们是相互关联的个体，由此认识到人与人之间的差异是形成我们整体的必要条件。每个人奉行的不同理念，既可以使我们相互产生距离，也可以成为天赐的礼物，使我们成为更加丰富多彩、充满活力的整体。共享性思维使大学生对话管理具备一种强有力的凝聚力，其中流淌着意义之溪，这种共同分享的意义溪水就像水泥一样将整个团体紧紧黏结在一起。

（三）学生参与

大学生对话管理崇尚学生参与，为学生参与管理提供了新的根本性的机制保障。同时，学生参与又成为大学生对话管理的主渠道。管理者与学生之间平等对话关系的确立，从根本上保证了学生参与管理的主体地位，使学生可以从容地步入管理关系世界，从而使学生参与进入完全对话性的自然本真状态。这种参与真正体现了以人为本、以学生为本的精神，真正符合管理的本质规定和学生的根本意愿，是促进学生主体建构与发展的有效路径。

要在我国大学生管理中构建这种良好的学生参与路径，应做到以下几点。

第一，管理者必须摒弃传统的视学生为被教育、被管理的对象的观念，真正确立尊重学生主体性的思想，视学生为管理的主人，将参与作为学生的权利，认识到学生参与是管理的本质要求和学生自主发展之必需，学生参与是改进自己的管理方法、提高自己的管理水平的有效形式，所以要去尊重学生参与的权利、自由和意愿，要改善和创造各种有利于学生参与的环境与条件，从而激发学生参与的积极性、主动性和创造性，使参与的理念与精神成为管理的核心精神与价值取向，渗透在管理的整个过程之中，参与必须扎根于整个组织、管理者和员工的行为和心灵中。管理者作为管理活动的组织者、发起者，其认识和理念的变革与积极作为，永远都是管理改进的首要前提。

第二，要力求达到"三全参与"，即全员参与、全面参与和全过程参与。所谓全员参与，即所有的学生，只要其本人愿意，都应有参与管理的机会与途径，而不是只有少数学习成绩拔尖的学生、学生干部或有某方面特长的学生才有机会参与，这就要求消除对学生参与管理的种种障碍与歧视，拓宽参与渠道，创造更多的参与机会。全面参与就是指学生有权参与与其相关的各种组织管理活动与事务，特别是与学生切身利益紧密相关的政策、措施、规范和要求，必须在学生的全面直接参与下制订，体现学生的意愿和要求，切合学生的实际情况，使其具有更广泛的基础和最大的可行性。全过程参与即学生有权参与各种相关管理的全过程，从学生干部、代表的选举、监督与罢免，从管理活动的决策、执行、反馈与完善，从管理的计划、组织、协调、控制到监督评估，都要保障学生的有效参与。学校管理生活是社会生活的一种形式，让学生全方位、有选择地参与，通过对管理执行的全程监督，对管理行为的道德合理性进行评价；通过参与其他公共服务、校园文化活动及社会实践，使其体会个人责任与权利、自我价值与社会价值的统一，达到发展学生的社会协作精神和主体人格的目的。

第三，"三全参与"不是无限度参与，它有一个参与限度的合理确定问题。由于大学事务的复杂性与专业性、学生经验与学识的不足，以及学生在校时间的短暂性等原因，学生的参与必然是有限度的。对于如何划定学生参与事项的范围及其相应的参与程度，除了考虑与学生学习的相关度外，还应结合学生的实际参与能力，根据二者的相互依存关系建立起有一定层级关系的与学生参与权保障有关的指导性原则：如果某事项与学生的学习目的相关，且学生有参与能力，应切实保障学生的参与；如果某事项与学生的学习目的相关，但学生没有参与能力或参与能力较弱，只要保障学生适当参与即可；如果某事项与学生学习目的不相关，但学生有参与能力，则应保障学生的参与权，但参加与否取决于学生自己的热情与意愿；如果某事项与学生学习目的不相关，且学生又没有参与能力，则可以不保障学生的参与。可见，学生参与管理的重点在于与学生学习目的相关且学生有一定的参与能力方面，应在学生学习目的与实际参与能力二者的相关限度下尽力扩充、发展学生参与管理的内容、途径与方式。但是这只是一个相对的原则，因为学生学习目的最终都是为了学生主体的成长，而实际管理中几乎找不到与学生成长不相关的事项，况且学生参与能力也是一个动态发展的概念，不同学生能力也不尽相同；从另一个角度看，越是学生没有某种参与能力，越应让学生参与以锻炼和发展这种能力，因为无论何种能力都是学生成长所必需的。因此，在学生管理实践中，最根本的是在确保学生正常的学业时间的前提下，拓展尽可能多的学生参与管理的内容、途径与机会。

第四，在参与中实现对话。管理者要将学生参与作为了解学生的认识与思想的重要渠道，从中搜集学生的意见与建议，作为管理决策和制订计划、规划、措施及开展相关工作的依据；同时在此过程中向学生阐述自己的管理理念、计划及相关打算与安排，与学生真诚地交换看法，进行深入讨论，取得共识，达成一致意见，即使有分歧形不成共识也没关系，因为这正是进一步对话的契机；还可以就更加广泛的问题开展更为随机的对话，促进管理者与学生的协同共生、建构与发展。管理者还要将学生的参与视作自己融入学生生活的良好契机，从中全面了解学生的家庭背景、成长经历、思想状况、生涯规划等各种问题，并将之作为因材施教、因材施管的依据。对学生在参与管理中提出的问题、意见与建议，管理者要认真考虑、研究，尽力采纳和解决，并将处理情况与意见及时向学生反馈；对于没有采纳和没有得到解决的问题，要提出理由，做出解释，对于学生满意与否及进一步的意见还要持续关注，并再行开展对话、交流与沟通。如此循环往复，推动管理与学生参与的不断交融与发展。

第五章

大学生管理工作之就业管理实践

第一节　大学生就业管理概述

一、大学生就业管理的内涵

（一）大学生就业管理的界定

关于大学生就业管理的内涵，学术界有三种主要观点。第一种观点认为大学生就业管理是搭建和完善高校网络平台和就业信息系统，实现大学生就业管理工作的电子化和网络化。第二种观点认为大学生就业管理是完善大学生就业市场，加强大学生就业指导工作，开展大学生就业教育。第三种观点认为大学生就业管理就是行使公共教育权利，承担社会公共责任，适应市场机制，调节供求关系，推动劳动人才合理流动，实现劳动力资源的合理配置，为国家在政治、经济、文化等领域的发展提供人力资源保障。

以上观点从不同视角对大学生就业管理的基本内涵进行了界定，都有一定的合理性，但是对大学生就业管理进行定义需要考虑时代背景，因为大学生就业管理随着社会的发展而变化，因此其内涵也会因所处社会发展阶段不同而有所差异。比如在计划经济时代，我国大学生就业管理主要是行政管理，而随着我国就业制度改革的不断推进，大学生就业管理从单一的行政管理拓展为融指导、信息、市场、管理为一体的全面就业管理。

因此，当前我国大学生就业管理的内涵应有狭义和广义之分，狭义的大学生就业管理指大学生就业的行政管理工作，包括毕业生资格的审查、就业协议书的管理、就业计划的制订和毕业生派遣等。广义的就业管理指为保证大学生就业工作的科学和有序而进行的系统管理，除传统的就业行政管理以外，还包括学生的就业指导，就业市场开发、组织与管理，就业信息收集、处理和发布等内容。

（二）大学生就业管理的特点

大学生就业管理是大学生管理的重要组成部分，但因管理内容的不同，大学生就业管理除了具备大学生管理中突出的教育功能、鲜明的价值导向、复杂的系统工程和显著的专业特色等特点外，有其自身显著的特点，具体如下。

1. 政策性

大学生是建设国家的专业性高级人才，关系到社会主义事业的建设与中华民族伟大复兴。随着社会和经济发展的需要，高校毕业生就业制度也随之发生了相应变化，国家对大学生就业方针、原则及方法都有明确要求，并通过各级党委、政府及高校予以贯彻。一方面，在大学生就业管理过程中涉及的签约、违约、资格审查、户口迁移、档案管理等，需要严格遵循相关政策的规定，以保障大学生的合法权益；另一方面，随着形势的变化，国家往往会适时制定促进大学生顺利就业的相关政策，如"大学生村干部""选调生""三支一扶"等，这些都是直接指导大学生就业管理的政策。国家政策为大学生就业管理指明了方向，提出了细致的要求。大学生就业管理就是要围绕党在大学生就业方面的路线、方针、政策开展工作，实现我国人力资源的优化配置。

2. 市场性

大学生就业是指在社会主义市场经济体制下，高校毕业生与用人单位根据一定的原则进行劳动力交换的过程，是与毕业生人力资源配置相关的关系，即各种具体的就业市场活动、行为的总和。大学生就业市场是实现大学生就业的主要场所。遵循市场经济规律，借鉴市场经济工作方式和理念，加强大学生就业市场建设是大学生就业管理的重要内容。一方面，通过对大学生就业市场人才需求的数量、层次、专业、区域分布等进行深入分析，确定目标市场，制订开发计划，拓展大学生就业市场资源；另一方面，通过规范市场秩序、细化服务流程，做好集中性大型招聘会和日常性小型招聘会的策划、筹备和组织工作。大学生就业管理的市场性特点较为明显。

3. 服务性

改革开放后，我国大学生就业进入双向选择、自主选择阶段，大学生就业更具市场化特征，大学生就业管理工作更多地体现为大学生就业服务体系的构建。以服务管理为突破口，改变了过去重管理轻服务的做法，将管理与服务有机地结合起来。在就业指导方面，构建以市场为导向，学业、就业、创业、职业全程关注，个性化、体验式的大学生就业、创业教育模式。在就业信息方面，开发集求职、招聘、就业指导、就业状况监测和自动化办公于一体的全方位大学生公共就业信息服务平台。在签约管理方面，制订毕业生就业工作细则，优化工作流程，实现大学生就业的"一站式"服务。大学生就业管理的服务性特征就是不断增强工作人员的服务意识，把学生和用人单位当客户，全力以赴地为学生和用人单位提供全方位、全过程的优质就业服务。

（三）大学生就业管理的意义

自我国高校扩招以来，高校毕业生人数逐年增多，大学生就业压力日趋加大，高校毕业生就业已经成为一个社会热点和难点问题。就业管理是高校毕业生就业工作中的核心部分，也是事关每一个毕业生能否顺利就业、体现党和政府对毕业生关怀的重要环节。因此，做好大学生就业管理工作，对经济建设、和谐社会构建、高等教育改革、大学生自身发展都具有重要意义。

大学生就业管理也是新的历史阶段高等教育改革和可持续健康发展的重要内容。高等教育的根本任务是培养人才，培养国家经济建设和社会发展需要的高素质人才。人才培养质量的好坏直接体现在毕业生就业状况上。而教育质量的好坏，直接体现在培养出来的人才能否被社会接受和认可，直接影响学校的生存与发展。

近年来，部分高校提出了"就业指导招生"和"出口引导入口"的工作理念，启动和推动了以社会需求为导向的高等教育改革，通过大学生就业管理的各个环节对用人单位的岗位需求、毕业生的就业状况、毕业生就业满意度、用人单位的毕业生使用情况等就业信息进行科学统计、综合整理和系统分析，主动研究社会需求和就业形势变化，以市场为导向，及时转变办学指导思想，大力调整学科专业结构，向社会输送"进来就用"的实用型、高素质人才。在一些高校还出现了各种类型的校企合作、工学结合、订单培养、岗前预就业等新型人才培养模式，紧密结合产业发展需求，及时调整专业设置，全面培养高校大学生的实践能力、就业能力、创新能力和创业能力，提高办学效益和人才培养质量。因此，大学生就业管理在高校改革和可持续发展中占有重要地位。

大学生就业管理是高校毕业生实现顺利就业、建设和谐社会的重要保障。现代社会，就业不仅是人类谋求生计的手段，更是实现自我价值、获得社会认可的主要途径。大学生的就业管理对其生涯发展将产生重要影响。

第一，个性化就业指导可以帮助学生更清晰地规划自己的职业生涯，进一步拓宽自己的思路，增强大学生学习的目的性和自觉性。

第二，就业信息的搜索与发布，能够有效地帮助毕业生冲出闭塞的就业信息孤岛，获得丰富的、针对性强、准确性高、成功率大的就业信息和就业机会，在双向选择的就业市场环境中取得主动权。

第三，就业信息的分析和研究，能够帮助毕业生认清就业形势，尽快找准自己的位置，做到知己知彼，为就业决策提供依据。

第四，就业过程的规范与约束，能够为毕业生创造良好的就业环境，确保大学生就业过程顺畅有序，并保障毕业生的合法权益。此外，科学高效的大学生就业管理，能够在学生就业过程中起到舒缓压力、放松心情的作用，能够向毕业生传递学校和政府乃至全社会对他们的理解、尊重和关爱，进而提高他们的自信心、改善他们的精神面貌，提升他们对党和政府的认可程度。

二、大学生就业管理的基本原则

大学生就业管理的原则是在大学生就业管理过程中必须遵循的基本准则。讲究原则是大学生就业管理得以顺利进行的保障，是大学生就业管理的出发点和落脚点，它直接影响大学生就业管理工作的实际效果。新形势下，大学生管理基本原则主要包括以学生为中心、以市场为导向、以服务为取向、以育人为目标等。

（一）以学生为中心原则

就业管理以学生为中心，就是要把学生作为就业管理工作的主体，在就业管理工作中切实尊重学生的主体需求，把握学生的主体特点。尊重学生的主体需求主要包括：尊重他们的人格，尊重他们的学习兴趣，尊重他们的身心发展规律，尊重他们的成长成才需要。把握学生的主体特点体现在工作中就是，要深入了解学生的实际状况，尊重学生的主体性、差异性、独特性，以学生成长成才为中心，区分不同类型、不同层次学生的特点和需求，有针对性地开展就业管理工作。在实际工作中，要坚持以学生为中心，把学生当成客户，提供一流的、高效的就业指导与服务。

学生是学校一切工作的中心。以学生为中心，既是学校管理工作的基本要求；也是学生培养工作的基本要求；既是教育规律的体现，也是就业工作服务之所在。

首先，坚持以学生为中心的原则，在学校就业工作体制设置、就业工作队伍建设、就业制度制订等方面要充分考虑学生的需求与利益，要从有利于促进学生就业的角度出发，推动多方联动，最大限度地促进学生有效就业。在实践中，积极探索导师负责制、院长负责制，以及院校双向互动、招生培养就业联动等多种模式，多角度、多维度、多管齐下，为学生就业创设更多的突破口和渠道，围绕学生顺利就业做足功夫，提升从事就业管理工作的人员的服务精神和服务能力。若想为学生提供更好的就业服务，就需要有一支高素质的就业队伍，相关人员不但要熟练掌握常规的就业工作规程，更要研究学生成长成才的规律，研究学生就业中出现的问题，研究市场变化规律，研究学生就业心理，成为就业领域内的专家，打造专家化、学者型的就业工作队伍，实现以学生为中心的就业管理。不断加强制度建设，使就业工作制度化、规范化。在就业管理制度制订过程中，要充分做到以学生为中心，充分尊重和肯定学生的主体作用，充分信任学生的智慧和潜能，充分激发学生的能动性和创造性。

其次，坚持以学生为中心的原则，从就业信息、就业指导、就业市场开发等环节为学生提供个性化、人本化的就业服务。

在提供就业信息服务的过程中，要紧密围绕学生需求，运用各种先进手段和现代化的技术，及时向学生提供有利于其顺利就业的各种信息，如开设学校就业网站、制作视频求职简历、搭建手机短信就业信息平台等，努力探索针对不同学生类型的个性化信息服务，使学生能够在最短时间内最大限度地获取自己所需的就业服务信息，以促进学生有效就业。

就业指导工作是一个系统工程，它涉及专业设置、教学模式、日常教育、课外活动及学生管理模式等诸多方面。以学生为中心开展就业指导服务，需要做到以下三点：第一，充分了解学生的情况，根据学生的个性特点，指导学生树立职业理想，制订适合自己的大学全程发展规划，为个人职业发展规划打下基础；第二，通过职业测评等辅助工具，让学生更好地认识自己的性格类型和动力特点，了解自己的性格特质，适合的岗位特质；第三，针对就业弱势群体，进行"一对一"的个性化指导，帮助其找到自身不足，为其提供解决方案，帮助其提升就业竞争力。通过以上步骤，可以使学生进一步拓宽自己的思路，更清晰地规划自己的职业生涯，促进毕业生了解个人的工作动机、适应性及工作目标，逐步形成适合个人特点的就业目标，增强其适应市场的能力。

从学生的需要出发，把用人单位请到校园里来，组织校园招聘会，努力把学生的就业问题解决在校园里，这既节约了学生的求职成本，又在一定程度上保证学生安全就业。校园招聘会是学生就业市场的主要组织形式，而就业市场的开发与组织是校园招聘会顺利举办的前提。学生作为就业市场的主体，有其自主意识，所以在制订就业市场组织方案时也应坚持以学生为中心，根据学生的就业意向，在开发就业市场前，对全国市场进行科学的分析和规划，着重开发学生重点关注的地区与单位，从而使就业市场组织更有效、供需双方对接更顺畅，做到有的放矢，提升绩效。

最后，坚持以学生为中心，把学生利益放在首位，把就业工作做成关爱工程。就业管理工作必须将学生既当作培养教育的对象又当作服务的对象，既要严格要求又要关心帮助，想学生之所想，急学生之所急，从大处着眼、小处着手，切实将以学生为中心的原则落到实处。在洽谈会组织、签约管理、就业咨询服务的过程中，把学生当成客户，开展微笑服务。多从学生的角度进行换位思考——如果我是学生，我需要什么样的服务；如果学生是我的弟弟妹妹，我会提供什么样的服务。把"一切为了学生，为了一切学生"当作一种承诺，并渗透到就业管理工作的方方面面。

（二）以市场为导向原则

市场导向是一种经营管理的策略，是一种组织文化，在这种文化氛围下，组织内所有的雇员均承诺持续为顾客创造价值，以此来保证经营活动的良好绩效。

大学生就业管理坚持以市场为导向的原则，是指大学生就业管理工作应遵循市场经济规律，应加强就业市场建设，借鉴市场经济工作的方式和理念，尊重学生与用人单位的主体要求，注重营销与服务、竞争与诚信，完善就业工作体制、机制和模式。

大学生就业管理坚持以市场为导向的原则，是由高等学校毕业生就业工作体制决定的。20世纪90年代中后期，中国高校毕业生就业体制经历了重大变革，从"统包统分、包当干部"转变成目前的"市场导向、政府调控、学校推荐、学生与用人单位双向选择"。在高校就业体制改革前的计划体制时期，国家对毕业生包分配，所有合格毕业生都可以取得国家干部身份，与之相应的大学生就业管理工作的基本工作内容就是审查毕业资格、制订就业计划，以及派遣、改派等管理性工作。但是随着就业工作体制的市场化改革，单纯管理型的就业工作模式已经过时，已满足不了市场对大学生就业管理的需求。也就是说，大学生就业管理工作要从"小管理"走向"大管理"，满足以学生为主体和以用人单位为主体的需求。而对于如何满足两个主体结合的要求，市场是最好的平台，市场成为人力资源最佳配置的有效机制，它将学生与用人单位有效地对接起来。

因此，大学生就业管理必然走向以市场为导向，应体现市场的内在需求。大学生就业管理工作以市场为导向集中体现在以下3个方面。

首先，以市场为导向需要完善大学生就业管理工作的体制和机制。在计划经济体制时期，大学生就业管理工作是完成国家分配的计划任务。在如今的市场经济体制时期，大学生就业管理工作要与市场紧密相连，要实时进行市场调研，切实摸清市场的需求，并充分反映到学校教育教学过程中。因此，要坚持就业指导招生、出口引导入口原则，设立专门的市场建设、信息服务、就业指导、就业管理等满足学生和用人单位需要的服务机构，配备层次高、结构好的专业化大学生就业管理工作队伍。

其次，以市场为导向需要调整大学生就业管理工作的职能和内容。计划经济时期，大学生就业管理工作内容较为单一，在工作职能上，体现更多的是管理。在当前的市场经济时期，大学生就业工作只进行简单的行政职能上的管理，满足不了两个主体需要。因此，需要以市场为导向调整大学生管理工作的职能和内容，由传统的、单纯的就业行政管理转向市场建设、信息服务、咨询指导、就业管理并重的管理。

最后，以市场为导向需要调整大学生就业管理工作的理念和方式。市场条件下的大学生就业管理工作，要顺应时代潮流，转变工作理念，树立营销理念，将学生、家长和用人单位视为顾客，最大限度地满足三类顾客的需求。在工作方式上，由过去单一的管理向教育、管理、服务并重管理转型，以双效为原则，改进就业工作服务。一方面，要重效率，也就是要在尽可能短的时间内，让尽可能多的学生接受尽可能全面的指导服务；另一方面，要重效益，也就是要让学生得到的指导服务是正确的、必要的、管用的。

（三）以服务为取向原则

以服务为取向原则是指以就业服务为主要内容和价值取向开展大学生就业管理工作，即在就业管理工作中，就业工作相关人员需要不断强化自身服务意识，丰富服务内涵，时刻把有利于提升学生就业能力、为学生就业提供帮助作为自身工作的出发点和归宿，充分发挥"尽我所能、想您所想"的工作理念，在服务方法上与时俱进，提升就业服务的专业化水平，最终提高大学生的就业质量。

坚持以服务为取向的原则是高校就业工作理念转变的必然要求。近年来，高校的就业工作由原来单纯的行政工作到现在的指导并服务于学生，工作理念发生了巨大的转变。高校要想做好新时期的大学生就业管理工作，就必须不断强化自身以学生为本的服务意识。遵循服务为取向的原则，应重点关注以下几个环节。

第一，帮助学生明确职业定位，提供就业导航服务。明确职业定位是成功就业的前提，也是就业服务首先要解决的问题。就业导航服务是指就业指导教师充分利用各种有效工具指导学生对兴趣、能力、价值等进行科学的评估分析，帮助他们认真理清和分析学业完成情况，建立毕业生就业档案，为他们明确职业定位提供导向服务。对那些有一技之长的同学，可以鼓励他们根据自己的特长选择职业，对于那些无明显特长而又急于工作的同学，可以引导他们根据社会需要选择职业，逐步实现人生价值。另外，在就业导航服务中要充分遵循"以学生需求为第一"的原则，防止将自身的主观想法强加给学生。

第二，充分挖掘市场资源，开展就业信息服务。掌握有效、对称的就业信息资源，是毕业生实现成功就业的基础，因此开展就业信息服务也就成为就业服务中的重要环节。开展信息服务是指认真了解就业市场的供求状况，多渠道挖掘就业信息，努力拓展学生的就业空间，并将这些就业资源进行系统整合，有针对性地提供给需要的学生。一方面，建立就业服务互动机制，任命信息联络员，在学校就业指导服务中心与学生之间建立顺畅沟通的渠道，以充分利用学校提供的就业资源，动态掌握毕业生的就业服务需求。另一方面，努力调动毕业生自身的主观能动性，以毕业生暑期实践、外出寻找工作为依托，鼓励学生主动收集用人需求信息，实现资源共享。成立学生就业信息搜集小组，发挥网络资源优势，建立就业信息资料库。

第三，努力提高学生就业能力，实施人才培养服务。提高毕业生的就业能力是使毕业生把握并获得就业机会，在职业中赢得竞争优势的核心，为毕业生提供提高就业能力的业务支持服务是从本质上解决"就业难"的重要途径。人才培养服务主要指在学生的整个大学生涯过程中，创造各种环境，全面提高学生的就业能力。第一阶段，鼓励学生积极参与社团活动、勤工助学实践活动等，以培养团体合作精神，提高人际交往水平，积累社会经验，提高学生自身的职业生涯适应能力。第二阶段，鼓励学生进一步思考就业的深层次问题，利用网络资源及学校和其他渠道的"双选会"，关注最新就业信息，寻找多渠道进行实习、见习，明确用人单位需要什么样的人才，自己适合什么样的工作，以增加就业竞争力。第三阶段，在学生求职择业的关键时期，鼓励学生把握各种就业机会，通过各种途径积极应聘，聘请的就业形势专家开展模拟求职活动，指导学生撰写简历和求职信，帮助学生提高求职、面试技巧。同时，指导学生调整好择业心境，确定恰当的择业岗位，合理地调整就业期望值，从而在将来所从事的岗位上实现自身的人生价值。

第四，规范就业过程管理，提供业务支持服务。规范化的就业过程管理，对保障大学生的合法权益、简化就业过程的烦琐程序、保证毕业生顺利就业有着积极的作用。毕业生的业务支持服务主要包括：指导毕业生了解国家就业政策、明确就业过程中的权利和义务；指导毕业生了解就业手续的办理流程，使其了解与职业生涯息息相关的就业协议和劳动合同等。在从事这些行政性的就业管理工作时，就业指导教师须时刻牢记"一切为了学生，为了一切学生"的工作原则，简化就业管理过程，指导学生平稳顺利地进入工作岗位。

第五，关注毕业生职后状况，完善就业管理工作的"售后服务"。毕业生走上工作岗位后，就如同工厂销售的商品一样，其质量及售后服务的优劣直接影响着高校的社会信誉。毕业生的"售后服务"主要是指关注毕业生在走上工作岗位以后的职业发展情况，做好毕业生的职后教育工作，结合市场需求及时调整人才培养模式。高校需要与毕业生及用人单位保持长期的联系，开展毕业生质量及就业满意度等调查工作，掌握毕业生在离校后的职业发展状况，积极听取用人单位对毕业生培养的意见和建议，动态把握市场的需求变化，配合学校不断改进教育教学方法。

（四）以育人为目标原则

以育人为目标原则是指大学生就业管理要坚持"育人为本"，要将育人贯穿于大学生就业管理的每一环节，通过育人与管理相结合，促进大学生全面发展。坚持以育人为目标的原则，是由大学生就业管理的本质属性所决定的，是由大学生就业管理所承载的职责所决定的。大学生就业管理坚持以育人为目标，应力求做到以下三点。

第一，大学生就业管理要立足和定位于大学生的生涯发展，体现帮助大学生实现职业理想的终极关怀。大学生的就业是与其学业、职业、事业和人生目标相关联的统一体。大学生就业管理，既要促使大学生顺利就业，更要促进大学生学业进步、职业发展和事业成功，促进大学生学业、就业、职业、事业四者的协调统一，建立以学业为基础，以就业为导向，以职业为载体，以事业为目标的大学生就业管理模式。

第二，要把培养和育人贯穿于大学生就业管理的各个环节。大学生就业管理是一个包括综合素质塑造、职业生涯规划、政策制度指导、职业心理辅导、求职技巧培训、择业决策咨询、需求信息提供、就业环节帮助等八项主要功能的运行系统。以育人为目标就是要在对大学生的就业教育、管理、咨询、指导与服务中，始终考虑如何有利于学生的全面发展、如何有利于学生的成长成才、如何有利于实现学生的职业理想和人生目标。

第三，要强化大学生就业管理的思想政治育人功能。随着大学生思想状况的变化和社会人才标准的转变，大学生就业指导的重点也应由传统的技能指导转向对大学生进行世界观、人生观、价值观和职业道德观的教育，也就是要突出它的思想育人功能。一是要以理想信念教育为核心，对大学生进行树立正确的世界观、人生观、价值观的教育。针对少数学生在择业时过分强调自我、不顾国家需要和集体利益的情况，对其加以正确的引导，使大学生形成正确的择业观，自觉地把个人前途和祖国命运联系在一起，把实现个人价值同服务祖国统一起来，最终实现自己的人生理想。二是要通过创业教育培养学生的责任感、自主性，培养学生的创业意识和企业家精神。三是要加强大学生的诚信教育。诚信是社会对人才的基本要求，是市场经济条件下大学生必备的思想品质。加强诚信教育，是大学生顺利就业、成长成才的保障，是高校义不容辞的责任。

第二节　大学生电子就业管理模式的构建

一、电子就业管理模型解读

电子就业管理模型是在就业政策体系和技术体系的支撑下，适应于电子就业管理网络体系，对以电子（介质）就业协议书、报到证为管理基础的就业全过程进行管理。电子就业管理主体从传统的政府部门和高校延伸到政府部门、高校、毕业生、用人单位及一些中介机构，使政府部门能够克服条块分割、独立操作、低效的就业管理，实现分工明确、共享资源、高效的就业协同管理；使毕业生和用人单位能够实现求职招聘的自主管理，进而减轻高校就业管理工作压力，可把主要精力放在提高毕业生就业能力上；中介机构的参与，则提高了政府对市场监管的工作能力。电子就业管理贯穿于就业全过程，一般可分为三个阶段：就业前期管理、就业中期管理和就业后期管理。

（一）就业前期管理

就业前期管理也可称为生源信息与签约前管理，主要涉及政府和高校的就业指导信息服务，企业的招聘信息服务，毕业生的面试、推荐、简历信息服务等。具体包括毕业生生源管理、用人单位管理、求职招聘服务管理等。通过统一的公共信息服务平台实现生源信息审核认证和用人单位信息审核认证，保障生源信息和用人单位身份信息的正确性、可信性和可靠性，实现毕业生求职、用人单位招聘、高校就业推荐和政府部门就业政策发布和引导同步进行，改变就业信息不对称的状况，促进就业信息的快速传递和有效对接，实现充分就业和高质量就业。

（二）就业中期管理

就业中期管理也称电子就业协议签约管理，主要涉及电子就业协议签约管理、电子就业协议变更管理、电子就业协议审核认证和电子就业协议归档管理。主要是依靠电子就业协议签约平台，实现毕业生和用人单位的就业签约，高校和政府（用人单位主管、人事部门）的就业鉴证。电子就业协议具有与纸质就业协议书同等的作用，是用人单位接收毕业生的依据，是高校和教育行政部门就业派遣的依据，是人事部门接收毕业生、办理就业手续的依据，电子就业签约平台是实现电子就业管理的核心。

（三）就业后期管理

就业后期管理主要包括就业报到管理和就业监测管理。就业报到管理包括高校和教育行政部门的就业管理（电子报到证的生成打印、高校就业方案生成）、高校档案迁移管理、人事部门档案接收管理、报到落户管理等。就业监测管理主要对毕业生生源变动监测、违约解约监测及就业状况监测，实现对就业全过程的监测控制管理，为科学制订大学生就业促进政策服务。可以通过监测和反馈历年毕业生就业的供需情况去调控指导招生计划，调整优化专业结构，提高教学质量。

二、就业协议电子化

就业协议电子化是管理手段电子化的重要内容，是传统就业管理模式向电子就业管理模式转换的基础，是将纸质就业协议书转化为电子就业协议书（广义协议书）以适应高校毕业生多种就业形式的动态管理和有效管理。就业协议电子化需要遵循电子就业协议设计原则，并实现电子就业协议的分类管理与格式设计。

（一）电子就业协议的设计原则

1. 安全可靠性原则

安全可靠性原则，主要指对主体身份的认证性和不可否认性。认证性是主体身份识别的过程，要求体现在电子就业协议书上的三方不能伪造身份。不可否认性指电子就业协议主体必须对自己的合法行为负责，不能也无法事后否认。

2. 真实可信性原则

电子就业协议书中的数据必须真实可信。当用人单位使用电子就业协议书对毕业生发出邀约和应约的时候，相关信息必须真实可信；当毕业生使用电子就业协议书对用人单位发出邀约和应约的时候，其相关信息必须真实可靠。通过信息审核认证机制和系统自动审核监控机制可以保障就业信息的真实可靠。

3. 易于管理原则

电子就业协议在设计上要适应多种就业形式的就业管理。可采用统一编码的一人一组广义电子就业协议书（含正式协议书、应聘协议书、其他类型协议书），让毕业生选择相应的电子就业协议书进行签约，以适应多种就业形式的就业管理。

4. 数据易于统计原则

使用电子就业协议书，可以有效地减少信息不对称现象，使毕业生、高校、企业和政府之间的数据流通更为快捷和方便，有利于相关职能部门的统计监测（如高校、上级主管部门），能够及时获得第一手数据，并实施有效的预警和控制，从而进一步优化指导未来的毕业生就业工作。

（二）电子就业协议书的分类与格式设计

相对于传统的纸质就业协议书，电子就业协议书的分类设计可以更加灵活（易于修改、易于扩充），使其适用于现在或者未来的多种就业形式管理的需要。按就业形式对电子就业协议书进行分类管理和格式设计。电子就业协议书大致可分为以下几类。

1. 正式电子就业协议书

正式电子就业协议书与国家统一的就业协议书格式相对应，是最典型的电子就业协议书，它明确了毕业生、用人单位、毕业生所在学校和用人单位主管部门等四方在毕业生就业工作中的权利和义务，学校将根据协议书的内容开具毕业生就业报到证和户口迁移证，同时转递学生档案。

2. 应聘电子就业协议书

应聘电子就业协议书是以协商协议的形式来明确毕业生与用人单位之间的权利和义务，反映的是就业形式不与户口、档案等挂钩的就业情况。设计应聘电子就业协议书时，重点考虑的是毕业生就业去向信息。

3. 灵活就业电子协议书

灵活就业是指在劳动时间、收入报酬、工作场所、保险福利、劳动关系等方面不同于建立在工业化和现代工厂制度基础上的传统主流就业方式的各种就业形式的总称。目前灵活就业的形式主要有：劳务派遣行业、微型生产性企业、社区服务业、独立服务业等，如街头小贩、钟点工、自由职业人、中介经纪、广告人、设计人员、网上开店人员、自主创业人员等。灵活就业电子协议书主要用于灵活就业形式的就业类型。

4. 其他特殊就业电子协议书

高校毕业生除正式就业外，还存在诸如出国留学、继续深造、考取公务员等特殊就业形式。针对此类就业形式，电子就业协议书的格式相对简单，能够明确反映毕业生就业去向即可。

（三）信息审核与认证

为确保电子就业协议信息的真实可靠，就需要建立电子就业信息审核与认证机制，确保就业管理主体和管理对象身份信息的真实可靠。一般来说，信息审核方式分为人工审核和计算机审核。人工审核主要用于非结构化和半结构化的信息数据的审核，计算机审核主要是对结构化的数据进行审核。电子就业信息审核既要依靠人工审核机制，也要采用计算机自动审核机制，简化信息审核过程，保证信息审核质量。

信息审核认证体系由用人单位身份信息审核认证体系和生源信息审核认证体系组成。用人单位身份信息审核认证体系由省级、地市（县）人事主管部门（或受委托高校、中介机构）、用人单位构成，为多级网络体系结构，通常采用分级办理、集中管理的方法，认证后发给电子就业专用章或同意电子就业专用章的使用权，确保用人单位身份信息真实可靠。生源信息审核认证体系是由省级、高校与院系组成的三级体系，相对于用人单位身份信息审核认证，其技术更加成熟，许多高校和省级就业管理系统都具有生源信息审核认证功能。

（四）电子就业协议签约架构

1. 电子就业签约/解约方式

电子就业协议签约方式大致可以分为学生主导式签约方式和用人单位主导式签约方式。所谓学生主导式签约方式，主要是指在前期应聘、面试，双方达成意向的基础上，由学生向用人单位发出电子就业协议邀约请求，用人单位对学生发出的电子就业协议书进行应约操作，同时由高校和人事部门进行审核确认，从而完成电子就业协议签约流程的方式。学生主导式签约方式还能够较好地处理其他特定的就业形式签约，如学生自主创业形式的"签约"，其流程是：学生选择自主创业就业类型（协议书）发出邀约请求，应约方可以设定为高校或由高校审核认定的专门中介机构，"应约方"对学生发出的电子就业协议书进行应约操作，即可完成签约过程。所谓用人单位主导式签约方式，是指由用人单位向学生发出电子就业协议的邀约请求，学生对用人单位的电子就业协议书进行应约操作，同时由高校和人事部门进行审核确认，从而完成电子就业协议签约流程的方式。类似地，电子就业协议的解约方式也可分为学生主导式解约方式和用人单位主导式解约方式。

2. 就业调控管理

在传统就业管理模式中，就业协议书由学校统一发放，每个学生一份。但是由于就业协议书管理上的漏洞，存在学生违约（一人多签）和"被就业"现象，并且难以监测。我们提出了一种基于网络的就业协议签约管理控制方法，能够实现有效的网上签约管理。其基本原理是：将毕业生就业去向描述为具有统一编码的一组就业协议，设置协议优先级等操作规则，实现协议签约、协议变更及不同种类协议的状态转换，而且对于每一个操作步骤均需要记录操作人、操作类型、操作时间等，以达到对整个就业过程的跟踪，保证毕业生只有一种签约状态，控制毕业生签约的唯一性和就业去向的唯一性。

3. 基于电子印章的电子协议审核确认

在传统就业管理模式中，就业协议书是否有效，主要看签约各方是否签字盖章，这个签字盖章过程毕业生往往需要花费很多时间。在电子就业管理模式中，电子就业协议书是否有效，可以运用电子印章来审核确认。我们专门研究了一种适合高校毕业生网上签约的电子印章：一种基于网络的轻便型电子印章制作管理方法，实现电子就业协议书的审核确认。

三、电子就业管理信息平台的构建

电子就业管理信息平台是实施电子就业服务管理的基础，应当满足电子就业管理网络体系的要求，适应多用户管理，实现网络化价值。应用以电子就业协议为代表的电子化管理手段实现电子就业签约（网上签约），采用面向全过程就业管理的方法实现全过程就业管理办公自动化与就业状况动态（实时）监测，运用信息审核与认证机制确保就业信息真实可靠，提供就业信息公共服务。

电子就业管理信息平台主要包括三个了系统：公共信息服务平台、电子协议签约平台和就业统计监测平台。公共信息服务平台的基本功能包括：毕业生生源信息审核认证管理、用人单位信息审核认证管理、求职招聘信息服务管理。电子协议签约平台实现电子协议签约与管理。就业统计监测平台包括：电子报到证的生成打印、高校就业方案生成、高校档案迁移管理、人事部门档案接收管理、报到落户管理、生源变动监测、违约解约监测和就业状况监测等。同时，电子就业管理信息平台的各子系统之间采用规范的数据接口实现互联，并通过数据接口与第三方系统进行数据共享与交换，从而使该平台具有极强的可扩展性。

信息采集与认证系统完成毕业生相关数据的采集与管理，并通过毕业生数据上报接口将毕业生数据传向门户网站，由门户网站进行分类显示；求职与招聘系统完成企业、岗位相关基本信息的采集与管理，利用门户网站获取毕业生基本信息和企业信息，实现企业招聘信息管理、学生简历管理、在线求职、在线招聘等功能；网上签约管理系统实现就业协议书的电子化管理；就业办公与监测系统利用就业、改派数据接口获取相关就业数据并完成协议管理、派遣、改派等功能，并利用就业监管数据接口获取毕业生、企业、中介机构、就业管理部门在毕业生就业管理过程中的相关数据，以表格、图形等形式给出有关就业过程监测报告；就业数据分析决策支持系统实现就业数据的多维展现、分析、统计、挖掘、预测；创业就业指导培训系统以从门户网站获取的毕业生基本信息为基础，实现毕业生的创业就业心理健康辅导、职业素质测评与分析、在线咨询、创业就业论坛等管理任务。

电子就业管理模式以电子介质协议书和报到证为基础全面支持面向就业过程的协同管理，替代基于纸质协议书的面向结果管理的传统就业管理模式，实现全过程就业电子化管理，实现了管理理念、管理手段和管理方法的创新，具有重大的现实意义和指导意义。大学生电子就业管理网络体系和信息审核与认证体系，有利于建立电子就业管理运行机制和就业信息共享机制。通过电子就业协议书与协议网上签约，构建统一的电子就业管理信息平台，能够实现就业管理服务网上办公自动化，实现就业状况的动态（实时）监测，实现就业统计（如就业率）的自动计算，能够及时提供动态、及时、准确的决策数据，及时掌握大学生就业情况，通过监测和反馈历年毕业生就业的供需情况去调控、指导招生计划，调整优化专业结构，提高教学质量，有利于科学制订促进就业的政策，提高就业管理效率和决策水平，提高科学决策能力。

第三节　多媒体环境下大学生就业与创业指导创新

一、大学生就业指导的内容创新

大学生就业指导的内容涉及多个方面，主要包括就业策略指导、组织渠道拓展、就业去向引导、就业服务指导、观念形势教育、就业规划指导。合理的大学生就业指导的内容有助于高校更好地开展就业指导活动，同时也有利于大学生更清晰地把握未来就业方向，提高大学生的就业择业能力。

（一）加强管理类专业学生对专业和行业认知方面的教育

1. 加强管理类专业学生的入学专业教育

入学专业教育是每所高校在新生入学时必须开展的活动之一。目前，各高校、各专业均在开展相关教育活动，但是效果却不尽如人意。学生在进行专业教育之后，对自身专业的了解依然不足，尤其是管理类专业。鉴于此，平时学校应注重对管理类专业学生的职业教育，提升其对专业和行业的认知。从新生入学开始，对管理类专业的学生进行相关知识的普及，从而使其对所学专业有更进一步的认识。

2. 加强管理类专业学生的实践环节

实践环节是各专业为加强学生社会实践方面的能力、丰富学生的实习经历而开设的课程。但是，学校开设的实践实习多数仅止于形式，学生并没有真正从实习中获得应有的实践经验。另外，相对于理工类专业，管理类专业学生的实践机会相对较少。因此，高校应加大实践环节的力度，精简实践内容，使学生真正获得更多的实践经验。

3. 加强管理类专业学生的就业领域指导

由于专业性质不同，理工类专业的学生对毕业后将从事工作的领域相对熟悉，而管理类专业的学生则对本专业的就业领域较为陌生。所以，高校应该加强对管理类专业学生就业领域的指导，可以让管理类专业教师为学生讲解管理类专业的主要就业领域，邀请管理类专业的校友分享找工作的技巧和经验。此外，高校应尽可能多地邀请并组织与管理类专业相关的企业来校招聘，并请企业的管理人员为管理类专业的学生做专题讲座，详细介绍管理类专业相关的岗位，让学生能更好地了解管理行业的就业情况。

（二）根据年级特点系统设计就业指导

高校应该持续关注并有层次地培养不同年级学生的就业能力，逐步提高他们的就业意识。有些学生特别是低年级的学生，在校期间对就业根本没有紧迫感，也不清楚简历、求职信等怎样制作，不知道从哪里可以获取更多的就业信息。其原因不能完全归结于学生主动性的缺乏，学校对学生就业指导的不足也是一个重要原因。大学生就业能力的提高，从根本上来说跟大学生自身有着密不可分的关系，具体如下。

第一，大学生应该正确认识自己、认识社会。只有正确认识自己、认识社会，才能更好地规划自己的职业生涯。

第二，高校要对不同年级的学生开展不同内容的就业指导，让低年级学生逐渐树立就业意识。针对大学一年级学生，高校应该根据专业特点进行职业生涯规划教育。通过职业生涯规划，开展"第二课堂"的相关活动，引发学生对自身职业规划的思考。针对大学二年级学生，高校应该鼓励学生进行职业测试，以充分了解自我、完善自我，充分了解自身的职业能力、职业倾向和职业价值观等。针对大学三年级学生，高校应该注重学生专业技能的提升，加强就业政策、就业流程等方面的教育。针对大学四年级学生，高校应该强化学生在面试技巧、信息收集、人际交往等方面的能力，加强学生的就业观念教育，确保学生充分就业。

第三，注重家庭教育对学生的积极作用。学生家长在平时应多关心学生的学习、生活情况，时刻关注学生的发展动态，引导学生形成正确的就业择业观，鼓励学生自主就业择业。

全社会都对大学生寄予厚望，希望大学生走上工作岗位后能够成为实现中华民族伟大复兴的中流砥柱。这就要求大学生认识到就业择业的重要性，在努力提高就业能力的同时建立较强的就业意识，树立正确的就业择业观。

二、大学生就业指导的途径创新

（一）建立省级高校就业共享信息库

高校应积极开展网络就业指导工程建设。一方面，需要建立并逐步完善各级就业信息库。通过系统性的建设，各高校可以获悉往届学生的就业去向、就业专业对口学生的占比等，针对不同专业的学生提供就业择业帮助。另一方面，学生通过查询就业共享信息库，可以更深入地了解自身专业的就业前景，根据专业就业流向，切实清晰地把握本专业的就业目标，由此更好地规划今后的职业生涯。就业共享信息库的内容应包括当前最新的就业政策解读、招聘信息、就业形势分析、专业行业介绍、往届毕业生的就业去向、就业典型案例、优秀学生的职业生涯规划案例等。学生可以通过网络在就业共享信息库里随时查询就业方面的信息，充分了解本专业的主要就业去向和就业企业，增强就业观念。

此外，就业共享信息库的建立应基于逐级的统计数据，由各专业班级至各年级、各学院再至各高校，逐级合并，最终形成完整而系统的数据库。省级高校就业共享信息库的建立，可以更好地为全省的毕业生服务，为进一步推进大学生就业指导工作打下扎实基础。

（二）搭建官方就业微信平台

现如今，大学生群体正处于一个知识更新速度快、信息量巨大的大数据时代，大学生更易于接受新的事物，更具有创造力。因而，高校在开展就业指导工作时，需要根据网络新媒体在大学生日常生活中的应用程度，来优化学生获取和加工就业信息的途径，以及扩大信息影响的范围。高校应积极搭建官方微信平台，针对不同年级、不同专业、不同地域的学生，实时发布高效、高质量的就业信息，紧贴市场变化，提供有用的资讯。各高校应通过官方就业微信平台，做好后台的宣传和服务工作，设立相应的微信公众号和订阅号，整合及优化社会资源，满足大学生对就业信息的不同需求，并通过微信平台定期推送就业信息，让每位学生都能收到相关就业信息，这样学生能在第一时间获取就业信息、招聘信息，既方便又高效。

利用好官方就业微信，一方面，可为各类用人单位和学生搭建沟通桥梁，通过线上线下的互动方式优化资源配置，并且把招聘信息、招聘内容和招聘活动有机结合起来，环环相扣，形成一个良性的循环；另一方面，学校也能够更好地了解用人单位的用人需求和学生的就业需要，帮助学生答疑解惑，以便更好地开展就业指导。

（三）借助微博推动大学生就业指导工作

在多媒体快速发展的今天，高校要结合时代发展特点，针对大学生使用微博获取信息的习惯来推动就业指导工作。虽然以辅导员微信和 QQ 通知为主的传统途径在学生获取就业信息方面仍占主导地位，但大学生通过微博等途径获取就业信息的比例也有明显上升，随着技术手段的不断提高，未来学生获取就业信息的途径会更多。因而，高校在开展就业指导工作的时候，要与时俱进，将传统途径和新兴途径结合起来，在开展传统的就业宣讲会的同时，利用微博同步进行就业政策、就业形势等方面的宣传。这样，学生即使错过了就业宣讲会，也可以在第一时间通过微博获取信息。

高校通过微博平台，可以将就业相关资讯以"润物无声"的形式渗透进学生的日常生活，使就业信息的推送服务成为学生群体所关注的热门话题，从而推动大学生就业指导工作的开展。

（四）有针对性地选择就业信息传递媒体

所谓交流性媒体，指的是类似微博、微信、博客等可以在线提问、咨询、留言的互动性媒体。所谓呈现性媒体，指的是信息以文字或者图片形式直接呈现在媒体上，信息发布后咨询者只能获取信息，而不能与发布者互动的媒体，如报纸杂志、网站等。

因此，针对不同性别的大学生使用媒体习惯的差异，高校可以通过微信、微博等网络新媒体向大学生推送就业方面的相关信息。同时，也可以通过官方就业网站及官方就业 App 等在线发布相关信息。这样既便于学生从不同渠道接收就业信息，也可以使就业指导工作更高效地开展。

（五）开发大学生就业 App

目前，手机已经成为大学生必不可少的日常用品。随着智能手机的普及，开发大学生就业 App 迫在眉睫。高校可以根据实际情况开发官方就业 App，同时做好宣传工作，让每位学生下载使用。学生可以用自己的学号登录就业 App，查询就业政策、招聘信息、就业手续、企业信息等方面的内容，方便学生在外出时也能随时查看相关的就业信息。

现如今，我国高校毕业生人数在逐年增长，面对越来越庞大的毕业生群体，如何全面落实和贯彻就业与创业工作，是各地高校面临的首要问题。高校应注重和逐步实现官方就业

App 与学生的切实对接，参考社会常用就业 App，例如前程无忧、赶集网、58 同城等应用软件，完善高校官方就业 App，这既有利于为大学生们提供可靠、真实的就业信息，又能为大学生们提供优质岗位，不断推进人才、岗位等资源的优化配置，促进大学生就业与创业。

三、大学生就业指导的队伍创新

（一）打造校友交流平台

当代大学生对自我认识不充分，在就业的过程中，他们一般会通过咨询好朋友、听取他们意见的方式来帮助自己做判断，很难自己做出决定。高校可以根据大学生的这一特性，打造校友交流平台，可以根据不同专业建立校友交流微信群或 QQ 群，之后通过宣传让每位学生都加入交流群中。学生可以在交流群中向校友咨询工作方面的相关事宜，校友们也可以在这里和在校学生分享工作上需要的技能和生活中的趣事。这样，学生既可以更加清楚地了解今后的就业领域和就业方向，也可以更早地掌握就业需要的技能。此外，学校还可以邀请杰出校友来校做就业讲座，讲解行业的相关知识，跟学生面对面交流。

（二）开拓专业教师与学生交流的新渠道

传统的就业指导通常是由以辅导员为主的学工团队开展的，以专业教师为主开展就业指导的很少。但是，辅导员的专业知识有限，甚至部分辅导员完全不了解学生的专业知识，导致辅导员开展就业指导工作的效果会大打折扣。长此以往，不仅会让学生对专业前景更加迷茫，也会使得学校开展的就业指导工作收效甚微，久而久之会导致学生不愿意上就业指导课，或者不想参加相关的就业指导活动。因此，高校在开展就业指导时，应该充分利用专业教师的资源，建立专业教师与学生之间交流沟通的新平台。专业负责人可以通过开通专门的微博发布相关专业的发展前景、就业领域等，也可以建立微信群、QQ 群，将专业教师和学生拉入同一个群内，学生可以随时在群内进行就业咨询，专业教师可以第一时间进行答疑。同时，专业教师也可以在授课的同时适当穿插对行业的介绍，对学生进行个性化指导，给学生灌输就业方面的知识。这样，学生不仅可以更好地了解自身的专业，也可以跟专业教师建立良好的沟通，更有利于今后的就业。

（三）搭建学生家长与学校的交流平台

成长环境影响着学生的性格，不同性格的学生对就业的需求也不尽相同。鉴于此，高校在开展就业指导的过程中，应该充分考虑到家庭因素对学生的影响。在就业方面，无论是男生还是女生，家人的意见都起着相当重要的作用。高校有必要随时与学生家长保持联系，定期沟通。高校可以建立家校联络体系，针对每个班级建立各自的家长微信群或 QQ 群。在群里，家长可以随时了解学生各方面的表现，与教师进行互动，互相交流心得。家长可以根据学生的不同表现，引导学生正确选择适合自己的职业，树立正确的就业观，给予学生更多的帮助，提高学生就业与择业的能力。

（四）建立行业、企业与学生之间的交流平台

大学生的就业指导除了离不开高校和家庭的教育和引导之外，自然也离不开社会和企业。学生缺乏对职业的认知，找工作时根本不清楚用人单位所提供的职位具体应该做什么事情，对将要从事的行业了解不深，这就导致学生在就业的过程中出现了择业困难。针对以上现象，高校应倡导建立企业管理人员与学生之间的联络机制。首先，可以根据学生的需要，定期邀请企业管理人员来校进行职业讲座，让企业管理人员和学生面对面交流。其次，为方便学生与企业管理人员及时、有效沟通，建立学生与企业管理人员交流的微信群、QQ 群或者讨论组，利用新媒体技术，加强网上互动，使学生可以随时获取相关的就业信息。最后，可以定期组织学生实地参观企业，了解一线岗位的具体工作，了解企业文化，这既能加强企业管理人员与学生之间的互动交流，也可以更好地开展校企合作，更有利于学生的就业。

第六章

大学生管理工作的体系创新

第一节　大学生管理工作的理念创新

一、大学生管理工作理念创新的重要意义

第一，创新大学生管理工作的理念是新形势下做好大学生管理工作的首要条件和客观要求。随着改革开放的深入和市场经济的发展，学生对各种思想、文化的接受和选择有了更广阔的空间，社会上的各种思想和价值观念必然对当代大学生产生巨大的影响，给学生管理带来新的挑战。

第二，创新大学生管理工作的理念是高校实施素质教育的内在要求。与传统教育相比，素质教育是一种新的教育理念，其目的是促进学生内在的本质能力的发展，从根本上讲就是要积极创造条件，让学生的个性和综合素质能够得以充分、自由、全面、主动、和谐地发展。

素质教育的提出，使学生管理面临着新的机遇和挑战，突出表现在如何化解学生个性发展需要与社会发展需要之间一致性与多样性之间的矛盾。这两对矛盾化解好了，将会极大地提高学生的综合素质，使大学生管理工作适应社会经济发展的需要；反之，大学生管理工作会因无法适应社会而降低效能。

第三，创新大学生管理工作的理念是新形势下做好学生管理工作的逻辑起点和必要前提。当前的高等教育已由精英教育发展为大众教育，同样，大学生管理工作也要由共性管理向个性管理转化，要将"以人为本"的思想渗透到大学生管理中去。

在新的历史条件下，大学生的思想和行为呈多元化发展趋势，大学生的个性差异变大，原有的管理模式已无法达到预期的效果。因此，21世纪的大学生管理首先必须对管理理念进行创新，并把这种理念创新当作高等教育大众化条件下大学生管理工作的逻辑起点和必要前提。

第四，创新大学生管理工作的理念是新形势下做好学生管理工作的应有之义和关键所在。经济建设需要人才，而高校培养出的人才只有为社会所接纳，并转化为生产力，才能使教育发挥作用。

时代变化激发理念变化，理念变化决定时代变化。没有先进的理念，工作就缺乏正确的导向。大学生管理工作的现代化，首先是管理理念的现代化。大学生管理工作作为高校管理工作的重要组成部分，应冲破传统理念的束缚，解决好工作中的"瓶颈"问题。因此，从某种意义上说，理念是管理的基础和先导，是管理的核心和精髓，是做好管理工作的关键所在。

二、大学生管理工作理念创新的重点方向

（一）应秉持"以人为本"的理念

大学生管理工作的对象是大学生，只有公正、平等地对待每一个大学生，尊重和保护每一个大学生的权利，积极为大学生的发展创造有利的条件，大学生管理工作才能取得良好的成效。

此外，在开展大学生管理工作时，要想取得良好的成效，必须切实关注大学生的需求、属性、心理、情绪、信念、素质、价值等一系列与学生有关的问题。这就决定了无论是开展大学生管理工作，还是进行大学生管理工作理念的创新，都必须秉持"以人为本"的管理理念。

1. "以人为本"理念在大学生管理工作中的重要性

首先，贯彻"以人为本"的工作理念是形势所趋。从高等教育自身的发展来看，在计划经济时代，学校代表国家为学生提供福利性质的教育，学校和学生之间是教育与被教育的关系。随着高等教育改革的不断深化，学生和国家对教育费用进行成本分担，学生由单纯地享受国家福利者变成了自身教育的投资者，学校和学生在一定程度上形成了经济学意义上的服务与被服务的关系。学生缴费上学，学校提供教育服务。学校是培养社会主义建设所需的各种人才的重要基地，如果大学生管理工作不能体现"以人为本"的理念，那么社会就失去人才保障。因此，在这样一种大环境里，在高等教育中贯彻"以人为本"的教育理念，不仅有充分的社会基础，而且也是社会向高等教育提出的新要求。

其次，贯彻"以人为本"的理念是大学生管理工作的内在要求。有些大学生管理工作者把大学生管理工作理解为要"管住"学生，理解为通过外部强制作用规范学生的日常行为。这种工作理念严重限制了大学生管理工作的开展范围和效果，甚至违背了大学生管理工作的根本目的。过去，我们过分地强调大学生管理工作的行政任务，而忽视受教育者的主体价值；强调思想统一，忽视大学生的个性培养。大学生思想道德素质的培养，其实是一个人格创新的过程，包含思维能力、判断能力和实践能力的训练。过去，有些人把大学生管理工

作理解成要把大学生变成思想上无差别的个体，要求学生们整齐划一，这种工作理念必然导致采取家长式的工作方式。在这种工作理念指导下，大学生管理工作不仅在本质上偏离了大学生管理的根本目的，而且在现实的工作中也不能适应大学生们的具体情况。因此，大学生管理工作必须在理念上进行转变，要充分认识到，大学生管理工作的目的是提高学生的思想政治水平、价值判断能力，这就要求大学生管理工作必须获得学生们的主动参与，而只有在工作中最大限度地体现"以人为本"的工作理念，才能激发学生的主动性的。

最后，大学生管理工作和思想政治教育相结合是贯彻"以人为本"工作理念的必要手段。在贯彻"以人为本"的工作理念时，要积极推动学生思想教育与学生管理相结合，在使用规章制度等约束人的行为的同时，要把思想政治工作的柔性导向融入其中，把自律与他律结合起来。没有思想教育的学生管理是简单粗暴的，没有融入学生管理的思想教育是软弱无力的。过去，我们的思想政治工作没有很好地把握和处理教育与管理的关系，使得思想政治教育失去了管理的依托，使得大学生管理工作失去了其教育人的内涵，忽视了对大学生的主体性价值的尊重，从而削弱了思想政治教育工作的有效性。在新形势下，高校要坚持"立足于教育、辅之以管理、寓教育于管理"的工作原则，将教育落实到管理中，把管理上升为教育，使得两者相得益彰，互补互促，以达到塑造人、引导人、规范人的目的。

2. 大学生管理工作中"以人为本"理念的贯彻

坚持"以人为本"理念，既是大学生管理工作的内在要求，也是大学生管理工作创新的灵魂和核心。因此，在开展大学生管理工作时，必须真正贯彻"以人为本"理念。具体来说，可从以下几方面着手来确保"以人为本"理念在大学生管理工作中得到有效贯彻。

1）不断加深对学生的认识

大学生管理，无论是计划和任务的确定，还是内容和形式的选择，都源于对学生的认识和把握。实际上，任何个体都有其自身具体、独特、不可替代的需求，不同个体的需求在整个群体中又都不是孤立存在的，它们之间是相互联系、相互作用的。就大学生管理而言，学生对自身所处管理环境的感受等，都是影响管理效果的重要因素。

离开了对这些因素的认识、洞察和把握，大学生管理就成了无源之水、无本之木。因此，我们只有全面考虑学生的个体情况，充分重视个人需要在管理中的地位和作用，并把它们看作运动的、变化的，大学生管理工作才能有的放矢，提高效率，收到预期的效果。

2）充分尊重和信任学生

"以人为本"的核心是管理者对人的尊重和信任。尊重和信任学生，就是充分尊重学生的人格、自由、权利，尊重学生的独立性和创造性，要积极地、有意识地鼓励和引导学生自己去摸索，让学生学会学习。这里的尊重与信任，并不是对学生不理不管，而是以一种更积极认真的态度，把参与管理变成大学生自己的一种需求，充分信任学生的自我管理能力、自律能力和沟通能力，以激发学生学习和生活的热情，在尊重信任学生的基础上体现严格要求。

管理者在与学生交往的过程中，应该成为学生的良师，对学生进行思想品德教育和行为准则教育，教会学生如何做人；同时还应成为学生的益友，在学习和生活上指导学生健康成长，帮助学生解决实际困难，维护学生的合法权益。这种良师与益友的关系在很多场合是交织在一起的，贯穿于大学生管理工作的始终。

3）重视培养和激励学生

大学生管理最重要的任务是提高学生的综合素质，而综合素质是在社会实践和教育中逐步提高的。通过教育不断提高学生的思想道德素质、科学文化素质和健康素质，是大学生管理工作的主要任务。因此，全面提高学生的素质，对学生不断进行培养和教育，就必然成为大学生管理工作的一项重要内容。

在人员安排上，可实行辅导员助理制，在高年级培养选拔一批专业基础扎实、富有责任心的学生作为低年级学生的辅导教师，培养他们成为低年级学生学习上的指导者、生活上的辅导者、思想上的引路者、人生中的影响者，使之在实践中不断充实自己、提高自己、丰富自己、完善自己。

（二）应秉持契约理念

1. 在大学生管理工作中引入契约理念的必要性

在我国，随着高等教育大众化时代的来临，传统的凭借高校权威实施学生管理的模式已不适应我国高等教育的发展。高等教育收费制度及现代民主法治社会的建立，使高校与学生的关系发生了质的变化。学生开始缴费上学，虽然学生所缴纳的学费并不足以抵消生均培养成本，但这已使高等学校与学生的关系由过去单一的纵向行政关系转变为包括花钱购买教育服务的消费关系在内的多重法律关系。学生的权利被强调和重视，学生已成为教育法律关系中独立的重要主体，这些都要求高校对学生的管理方式也发生相应的变革。基于高校与学生法律关系性质上的分化，契约式管理也应采取不同的形式，并严格遵守相应的契约原则。

在校方提供教育服务和生活服务的过程中，高校与学生之间存在平等的民事法律关系。比如，高校与学生之间存在一定的民事合同关系。学生的报考和高校的招录，相当于合同缔结中的要约与承诺；学生入学，要向校方缴纳学费，作为回报，校方提供一定质量的教育和生活服务。在学生付费、学校及其内部机构提供服务的领域，学校与学生地位平等，若有违约则必须承担法律责任。另外，学校的内部事务管理不能侵犯学生的财产或人身权利。学生身份的消费者性质，要求高校，特别是公立高校作为教育公共部门，提供相应的公共服务及物质条件，其中包括承诺的教育水准、足够的教学设备、良好的学习与生活条件等。在高校提供的生活服务领域，高校不应以管理者的姿态侵犯学生作为消费者的权利。

从同为民事主体的角度来看，高校和学生之间应该是一种平等的关系，双方都对对方既有权利又有义务。高校在拥有对学生的管理权的同时，学生也拥有维护自己权益的权利。高校不再拥有绝对的权威，学生也不再是完全的被管理者，二者之间具有平等的地位。目前，很多高校已开始使用与学生订立合同的方式实施学生的宿舍管理、餐饮管理、网络使用管理、付费使用的校园资源管理等。然而，从大部分高校与学生签订的合同内容看，所谓的民事性质的合同大多流于形式。存在的问题主要是高校与学生签订的民事合同并未体现主体双方地位的平等，学生缺乏可选择性权利，其中仅规定了学生的义务，缺乏对高校的义务规定，高校与学生权利与义务的规定严重不对等；仅规定学生的违约责任，缺乏高校未提供合同承诺的服务的违约责任；合同的制订缺乏学生的参与，仅仅是高校职能部门意志的体现。

高校与学生行政契约关系的建立，使学生可以真正参与到高校事务中来，体现了学生的主体地位，不仅可以减少潜在冲突的发生，而且可以改善高校与学生的关系，有利于建立彼此合作、相互依赖、相互尊重、平等对话的良性互动关系。契约的应用与缔结，使高校与学生在契约的维持下保持持续、稳定的协作关系，有利于高校秩序的稳固化。

2. 在大学生管理工作中贯彻契约理念的基本要求

高校与学生之间契约的本质，既是高校用来维护教育教学秩序的手段，又是学生对高校权力进行限制的方式，这对高校及大学生管理工作者提出了新的要求。

1）要求高校平等对待学生

把契约的平等精神引入教育行政领域，让学生在与学校具有平等地位的前提下商议教育行政目标的达成，使教育行政减少不平等与特权性的因素。契约的基础是双方主体地位平等，契约的形成过程是民主的过程，契约充分体现了民主的本质与特性。

在法律授权的前提下，现代教育行政具有裁量性、能动性。在学生管理中引入契约理念，不仅与依法行政具有相容性，而且可以凭借契约手段灵活应对学生管理中出现的复杂、动态和难以预见的问题。

2）要求高校尊重相对人的意志

把契约的自治精神引入教育行政，使学生有选择的权利，进行商议的过程也是其利益权衡的过程。选择是契约精神的应有之义，通过选择建立沟通渠道，这也是行政契约最突出的优点和功能。在行政法学中，我国学者对契约能否在行政权力的行使过程中予以运用或许会有不同看法，但对行政契约的存在、行政契约的特征及行政契约的基本类型等问题的看法大体一致。因此，考虑到教育行政的民主参与、教育行政方式的多样化和教育行政的目的等因素，应允许在大学生管理工作中出现"讨价还价"和"议价行政"的现象。

3）要求高校重视学生的权利

在行政契约中同样有相对人——学生的权利。行政契约能使高校更加尊重学生权利，同时学生权利的实现又能制约高校的权力。考虑到高校权力制约的需要，以及高校与学生之间的行政契约关系的特殊性，在高校与学生之间的行政契约的缔结过程中，应有以下几个方面的限制。

一是职权限制。高校必须在法律赋予的职权范围内缔结行政契约，不得越权行政。

二是法律限制。高校缔结行政契约不得与法律法规的规定相抵触。

三是内容限制。行政契约的目标是实现公共利益，因而行政契约的内容不得违反社会公益。

高校由于在行政契约的缔结中处于优势地位，可能会出现滥用职权、违法行政的情形，如高校的行政契约与其行政命令同构化，强制学生与其缔结行政契约，违反应有的合意；高校滥用选择权，暗箱操作损害学生利益或国家利益，因此，必须限制行政契约的内容和目的。

在大学生管理中强调契约精神，重视契约观念、契约手段及契约制度，并不意味着完全以契约取代权力。高校的学生管理权力在教育法中仍然存在并发挥着应有的作用。由于契约意味着平等、诚信、公正等，因而契约在大学生管理工作中的引入，可以提高大学生管理的工作水准。

三、大学生管理工作理念创新的策略

（一）加强大学生管理者队伍建设

如今的大学生管理理念体现出管理的自主性、民主性、灵活性和发展性等特征，这对管理者提出了更高的要求。因此，必须重视提高管理者的素质，积极建设一支高水平的大学生管理者队伍。努力建设一支高效、精干、稳定、专业的大学生管理者队伍，既是做好大学生管理工作的关键，也是实现大学生管理工作理念创新的根本。具体来说，可从以下两方面着手来进行高素质、高水平的大学生管理者队伍建设。

1. 从高校方面着手进行建设

进行高素质、高水平的大学生管理者队伍建设时，从高校方面来说，必须做好以下几方面的工作。

（1）按照要求认真做好建设规划，使师资队伍建设和其他管理人员队伍建设统一规划、统一实施。

（2）明确条件、坚持标准，切实做好人员选配工作。

（3）周密计划、遵守原则，扎实推进人员培训工作。

（4）提出目标、严格要求，不断增强大学生管理者的责任感。

（5）领导和有关部门要对大学生管理者思想上重视、工作上支持、生活上关心、政治上爱护，使大学生管理者都能够随着形势的发展和工作的推进不断提高自身的素质和水平，以满足事业发展的需要。

2. 从大学生管理者方面着手进行建设

进行高素质、高水平的大学生管理者队伍建设时，从大学生管理者方面来说，必须做好以下几方面的工作。

（1）大学生管理者要不断提高自身修养，明确自身的职责，增强责任观念。

（2）大学生管理者要具备较高的政治素养、合理的知识结构和较强的能力，并注意通过不断地学习来完善自己的形象。

（3）大学生管理者要坚持真理、忠于职守、为人师表、以身作则、办事公正、任劳任怨。

（4）大学生管理者要树立服务意识，努力学习，积极实践，深入思考，大胆创新，不断探索新形势下大学生管理工作的新路子、新方法，不断总结适应新形势、新情况的大学生管理工作的新经验、新成果。

（5）大学生管理者要具备牢固的共产主义人生观，以便在工作中引导学生正确对待人生。

（6）大学生管理者要具备创新观念，以培养出广受社会欢迎的高素质创新型人才。

（二）积极创新大学生管理工作方法

在经济全球化的背景下，传统的大学生管理方法面临着严峻的挑战。

目前，我国大学生管理者队伍中普遍存在工作观念滞后、思路狭窄、方法落后等问题，跟不上时代发展的步伐。大学生管理工作者要善于运用现代管理方法和信息手段，创造适合学生发展规律的、切合学生身心特点的工作方法，使大学生管理工作更富实效性和感染力；大学生管理工作者要经常深入学生的学习和生活，重点关注学生中的特殊群体，使大学生管理工作更富说服力和艺术性；要定期进行学生状况的调查分析，为政策制定和方法研究提供可靠依据和参考资料；大学生管理工作者要及时总结新做法，推广新经验，使大学生管理工作更富影响力和创新性。

首先，应借鉴相关学科的知识和经验，拓宽大学生管理工作的研究视野。在继承党的思想政治工作优良传统的基础上，借鉴和吸收相关学科的研究成果和方法，是拓宽研究视野、深化理论认识，从而不断开创新形势下大学生管理工作新局面的途径之一。值得关注的是，目前的大学生管理研究已不再局限于社会科学的借鉴，而开始关注自然科学系统论或生态学视野下的学生管理，尽管这一探索还有待一定时日的实践来检验，但这种理论探索的精神还是值得我们学习的。

其次，应注重以实证研究的方法检验大学生管理理论的科学性。传统的大学生管理研究方法主要是采用以思辨为基础的理论研究和逻辑研究。广泛地使用实证研究方法是对大学生管理研究的有益补充。实证研究就是根据现有的材料进行统计、分析、实验，通过量化的、精确的测试得出结论，测试方法包括编制调查问卷、量化模型数量分析、矩阵概率数学方法等，以便客观真实地了解和反映大学生的思想现状与特点，坚持定性方法与定量方法相结合，真正实现大学生管理决策的科学化。

最后，大学生管理必须与时代主题紧密结合，大胆吸收人类文明中的先进、有益成分。通过了解国外大学生管理的历史、现状和发展趋势，在比较、鉴别、融合中推动我国大学生管理学科的发展。

第二节 大学生管理工作模式的创新

一、大学生管理工作模式创新的必要性

(一) 传统管理模式的消极影响

在传统的学生管理模式下，把所有学生当作一个整体，实行标准化、统一化的管理，抹杀了学生的个性。受此影响，传统的教育模式习惯于让学生处于被动、从属地位，把学生仅仅当作受教育者，这显然不利于创新型人才培养。在传统的学生管理模式下，学生的培养呈现出以下特点。

第一，重知识轻能力。传统教育模式忽视对学生能力的培养，对学生的教育评价缺乏科学性，使分数成为衡量学生的根本标准。

第二，重智育轻德育。传统教育模式过分地把学生的智力发展放在优先位置，甚至不惜降低对学生其他方面的要求，导致学生的发展不均衡、不全面。

第三，重共性轻个性。传统教育模式对学生实行"规模化""批量化"培养，使许多学生的学习潜力得不到深入挖掘，同时又使许多学生被强制性淘汰，得不到最适合自身的教育。

第四，重过程轻结果。传统教育对同一年龄段的学生实行统一入学、统一毕业的"工厂化"教育模式，过分注重程序与步骤的统一，忽视了学生个体差异对学习成绩和教育效果的影响，不能做到因材施教、因类施教。

第五，重灌输轻引导。传统学生观认为教师和学生之间是管理者与被管理者的关系，学生被要求无条件地接受学校的教育管理，学生的学习自主权得不到尊重。与此同时，学校在对学生的管理过程中，对一些日常性的事务管得过多，但对于学习方法、就业择业观念等缺乏必要的引导。

基于上述人才培养特点可以发现，传统管理模式虽然在保障学生安全、管理执行力度、辅导员与学生紧密度等方面有利于开展全面教育和促进学校的稳定发展，但是从学生的需求角度和实践角度看，存在一定的问题和弊端，这无疑对大学生管理工作产生了消极影响。

(二) 新型管理模式的积极作用

1. 为大学生管理工作创新提供坚实的理论基础

随着高校连续扩招，学生数量大幅度增加，学生层次趋于复杂化，学生特点更加多样化，给大学生管理工作带来了困难。针对新的情况、新的问题，高校不得不出台新的管理对策和手段。

学校的学生管理水平标志着学校的教育、教学水平。于是，改良传统的、不合时宜的陈旧管理模式就成为一个值得研究的重大课题。要想摆脱传统管理模式的束缚，就应当创新，找出新的理论、新的方法、新的手段，使大学生管理工作能有科学的、法治的、先进的管理运行机制，以适应大学生管理工作的发展。

2. 为大学生管理工作创新提供科学的实践经验

当今世界面临着经济全球化、教育国际化的巨大挑战。随着经济全球化的迅猛发展，网络被广泛地应用于各个行业当中，这也增强了高校政策、服务的透明度。例如，国外部分高校的管理职能部门不再是独裁者、垄断者，其角色发生了重大转变，越来越趋向于服务者的角色，而且学生对高校职能部门的期望值增高，并参与到大学生管理工作中来。我国的教育管理也发生着同样的变化。伴随着信息时代的迅猛发展，更多的家长和学生都参与到大学生管理中来，对于教学质量、管理机制、服务素质有了更高水平的要求。我们可以学习各国高校在面临学生出现的各种问题时所做的协调工作和制订的政策，它们对于我国的大学生管理来说具有可借鉴性。

二、大学生管理工作模式创新的策略

（一）关注个体差异与发展

大学生管理工作是一个系统化的工程。目前，我国的大学生管理中常见的管理模式有三种：一是管理者仅凭自己经验，利用职权进行管理的独裁式的行政管理模式；二是利用建立制度和目标等手段来管理学生的操作性管理模式；三是以人为本的管理模式，将管理看作服务于人的手段，是以促进学生的全面发展为宗旨的管理方式。

在这三种管理模式中，行政管理模式是强制性的管理，它压抑了人的本性，完全是独裁式的行为模式，抑制了学生的主动性和积极性。

操作性管理模式较为常见。目前，多数高校的学生管理部门都设有各项规章制度，依靠强制的执行制定来达到一定的目标，对学生进行制度化、规章化的管理。在这种管理体制下，学生的积极性和主动性受到了限制，在制度的束缚下，很多学生的天性得不到释放，创新意识和自我管理意识得不到有效锻炼，师生关系僵硬，管理工作效率低下。因此，需要探索新型的大学生管理工作模式，做到以人为本。

以人为本的管理模式其实就是以学生为中心，所有的管理活动都围绕调动学生的主动性、积极性和创造性来开展。

以人为本是一种价值观的表现形式，把人的本质作为最重要的东西，把人作为一切工作的基础，考虑从人本身的需求出发，以实现人的价值为最终目标。放到学生管理工作中，就是要以学生为基本出发点，把学生的个人发展放在首位。

（二）提高服务水平和意识

当今世界，教育已经成为一种服务。世界各国的教育业都在努力提高教育服务的水平和质量。对我国高校而言，这种理念需要不断推广和完善。

在以人为本的教育管理模式下，必须强化教育是一种服务的观念。学生是学校最主要的服务对象，是教育工作的主体。学校的各项工作目标就是要为学生提供优质的教育资源和教育服务，使得整个学校成为一个完整的服务机构，为学生创造有利于其成长成才的良好环境。学生管理工作是这个服务机构中的一个重要环节。

随着高等教育自费的普及，教育已作为一种消费形式呈现在国人眼前。大学教师的主要任务是帮助学生学习专业知识、管理知识和实践知识。教师和学生之间的关系是平等、民主的关系，必须摒弃传统的严格管理的思维，树立为学生服务、关心爱护学生的理念。教师应站在学生的角度来看待学校的管理，使学校的管理模式更加适应学生的特点，让学生有更多自由的空间来发展个人才能；调动学生的积极性和主观能动性，为学生自我发展服务。

当然，我们目前的学生管理工作并不完善，在服务内容和服务水平上，距离理想标准都还尚有不小的差距，这就给我国高校的学生管理工作者提出了更高的要求，需要学生管理工作者不断提高工作水平。毋庸置疑，增强服务意识，提高学校各职能部门特别是学生管理工作者的服务水平和基本素养，对于推进学校体制改革、建立有效的新型学生工作管理模式，是有百益而无一害的。

（三）推进管理模式法治化

近年来，由于学生规章制度的不完善或者不严谨，学生与学校之间官司不断。学生在校期间遇到了一些突发事件，或者因为违反校规校纪受到学校的处理，或者是学校在处理学生的时候处分太严，这些都可能造成学生对学校的不满而引起纠纷。因此，在以人为本的前提下，必须坚持依法治校，加强制度建设。

为了实现大学生管理工作模式的法治化，可以从以下几方面着手推进依法治校。

1. 加快大学生管理工作法治化进程

这是实现大学生管理模式法治化的前提和基础。推进管理法治化是纠正大学生管理制度建设弊端、堵塞制度漏洞的有效手段。

学校教育是对"人"的教育，对人的教育必须建立在尊重人的基础之上，而对人的尊重首先是对人权利的尊重。长期以来，教育道德化是我们一贯坚持的教育理念。在教育过程中，权力的设置和运用常常只受道德标准的衡量与限制，而缺乏法律的规范。但在依法治国的环境下，学校与学生之间的关系已经不再是一种简单的管理者与被管理者之间的关系，而是一种对应的权利与义务的关系。因此，我们应当将教育关系作为一种法律关系来看待，应当将尊重受教育者的合法权益作为教育者的首要义务，在行使教育管理权时，首先考虑的不应当是如何"处置"受教育者，而应当是这样处置是否合法、是否会侵犯受教育者的权利，真正将受教育者作为一个平等的法律主体来对待，这才是我们需要的一种符合时代发展要求的教育理念。

大学生管理工作法治化需要管理者增强法律意识。学生管理者具有良好的法律意识，是学校严格依法办事的重要前提，它可以促使管理者在依法行使自己管理职权的过程中，尊重和保护学生的法定权利。

高校应该通过对管理者进行法学理论方面的专门化培训、敦促管理者自学等方式，培养管理者的法律意识，尤其是民主思想、平等观念、公正精神、法治理念等，从而使管理者自觉用法律法规来规范自己的言行，在管理工作中公正对待学生，尊重学生权利。同时，外聘一些专职司法工作者，组成学生法律援助组织和仲裁机构，形成法治化的育人环境。

2. 建立正当的管理程序

这是实现大学生管理工作法治化的关键所在。在具体的管理行为中，实现法治化的重中之重在于程序。这就要求：在处分学生时要及时将处分意见送达本人，确保学生的知情权不受侵犯；建立听证制度，充分保障学生的知情权；建立申诉机制，使学生有一个为自己辩护的机会；建立司法救济机制，保障学生的合法权益。

正当程序原则可以追溯到英国普通法传统中的"自然正义"原则。正当程序的基本要求如下：任何人不能作为自己案件的裁判者，纠纷由独立的第三人裁决；做出影响相关人权利义务的决定，特别是做出对当事人不利的决定时，必须听取当事人的意见，给予其陈述、申辩、对质的机会；在纠纷的裁断过程中，不可偏听偏信，不得单方接触；一切都必须予以公开，保证公正和透明；等等。

从保障学生权利和维护学生尊严的角度来看，正当程序有利于保障学生的权利，特别是涉及学生的基本权利时更是如此。没有正当程序，受教育者在学校中的"机会均等"就难以实现，其"请求权""选择权""知情权"就难以得到保障和维护。另外，如果仅仅从工具性价值来理解正当程序的话，那就贬低了正当程序的价值。程序不能只是达成实体正义的手段，程序应具有自身独立的价值。

正当程序的内在价值有两个方面：一是对个人作为人应当具有的尊严的承认和尊重，即尊重个人尊严；二是正当程序包含了"最低限度公正"的基本理念，否则，人们会因此感到程序是不公正的、不可接受的。在很长的一段时期内，高校和学生的关系具有强烈的特别权力关系色彩，学生只是消极的被管理者，高校与学生之间的地位是不平等的。在这种情况下，正当程序是没有必要存在的。

随着我国实施依法治国方略，全面推进依法治教，大学生管理必须法治化。将特别权力关系纳入司法审查的范围，既符合正当程序原则，也成为限制特别权力的基本原则之一。因此，在大学生管理过程中引入正当程序，是对学生人格尊严的尊重。

3. 建立科学的学生管理评价体系

这是实现大学生管理法治化的重要保障。高校对学生约束的主要依据是法律。特别是在学生处分问题上，道德品质评价不能作为处分学生的依据。在对学生进行处分时，要就事论事，事实清楚、程序正当、依据明确、定性准确。在此问题上，我们要改变既往惯常对问题学生进行处分的教育管理模式，发挥思想政治教育工作的优势，在处分前要注重对学生进行引导和疏导，在处分中要加强对学生的思想教育，调动学生主体的自我教育功能，引导学生强化个人和社会责任，处分后要做好后续的管理和服务，给予学生更多的人性化关怀。

高校应把思想教育"软件"与刚性管理"硬件"密切结合，营造良好的育人环境。另外，一直以来衡量大学生管理工作好坏的重要标准是管理效率的高低，对公平、正义的关注则显得不够。

确立科学的学生管理评价体系，就是不仅要实现"管住人"，还要"管好人"，以德服人，以理服人，维护学生的正当合法权益。

（四）提高学生的参与程度

大学生参与高校管理，既是其作为教育消费者与接受者的重要权利，又是其保障自身利益的合法权利。为更好地促进与提升高校管理中学生的参与，高校需要更新学生参与高校管理的观念，完善学生参与高校管理的机制，提升学生参与高校管理的品质。

学生参与高校管理应该是一个循序渐进的过程。高校应充分重视并落实学生参与管理的权利，为学生参与学校管理提供更适宜的环境与更完善的制度保障。

1. 重视学生权利

受传统的思想观念制约，大部分高校管理者都认为以大学生的现有能力和素质还无法胜任复杂的管理工作，所以在保证学生参与高校管理的方面通常持相对保守的态度。

从人才培养的角度看，支持学生参与学校管理是促进人才全面发展、培养学生民主意识的重要手段；从学校科学化管理的角度看，支持学生参与学校管理又是促进服务水平提高的必要途径，毕竟"积极的顾客参与可以提高服务质量和顾客满意度"。学生是学校服务的直接体验者，吸纳学生直接参与到学校管理当中，不仅可以使学校的管理更有针对性，还能够提高学生的自我管理能力。

因此，高校管理者需摆脱传统的"替代家长"观念，重视学生在高校中的主体性地位，尊重学生参与高校管理的合法权利，信任学生的认知和判断能力，赋予他们更多、更高层次的管理决策权。

2. 赋予学生权利

通过构建与完善相关的学生参与机制，更多地赋予学生参与学校管理的权利，是未来高校管理体制改革的重要趋势之一。

1）构建大学生管理听证制度

近年来，听证制度在我国法治建设过程中发挥了举足轻重的作用，把听证制度引入高校管理，使其作为学生参与学校管理的制度保障，已经引起了人们的广泛关注。目前，我国高校纷纷建立了学生管理听证制度，保护学生参与学校管理的合法权利。

2）实行学代会提案制度

学生参与学校管理是我国现代大学制度建设的要素之一，健全的现代大学制度理应为大学生参与管理提供有力保障，借鉴教代会模式实行学代会提案制度，也应当成为保证学生参与高校管理的组织保障。

3. 优化学生参与

促进学生参与高校管理，不应仅仅停留在低层次、低水平的形式阶段，而应致力于参与管理层次的提高和品质的提升，进入有效、积极和高水平的实质阶段。

1）提高大学生参与高校管理的层次

参与高校管理可分为以下三个层次：初级层次以行使知情权、监督权和建议权为核心，中级层次以行使行动权、咨询权和评议权为核心，高级层次以行使决策权、表决权和投票权为核心。目前，我国大学生参与学校管理的途径和方式还主要集中在初级层次或者中高级层次的初级阶段，如高校普遍设置的校务公开栏、校长信箱、校长接待日，以及实行的学生助理制、学生评议制等，它们都只停留在行使知情权、监督权、建议权等初级层次。学生组织、学生干部参与管理也仅仅停留在宿舍、食堂等生活服务管理层面，对学校重大方针的决策根本无从参与。

鉴于大学生身心发展的特殊性及群体功能的特殊性，学生参与高校管理的范围和程度可以是有限的，但学生作为主体参与学校各个层次管理的权利是不可忽视的。高校应充分尊重学生参与学校重大决策的权利，让学生真正享有参政议政的权利。

2）创新大学生参与高校管理的方法

随着网络技术的成熟及高科技产品在高校的广泛应用，高校可以充分借助当前先进的技术和科技手段拓宽大学生参与高校管理的渠道。此类形式的创新，能够打破以往高校管理工作在时间和空间上的限制，提高管理工作的效率，使大学生参与高校管理的方式更加人性化和现代化。

3）增强大学生参与高校管理的能力

大学生作为由成年人组成的群体，已经具备较成熟的思想和独立判断的能力，而且还兼具较强的可塑性。

高校应当重视对大学生参与高校管理能力的培养，创造机会让更多大学生关心和了解高校的发展并积极参与到高校管理当中，尤其要鼓励大学生参与教学管理、干部选举及奖惩制度等事关自身发展和切身利益的重大事务。例如，辽宁大学曾实施大学生入机关挂职锻炼计划，每年选拔一定数量的优秀在校大学生，安排他们担任校内重要行政岗位的助理工作，包括教务处处长助理、后勤集团总经理助理、学生处处长助理等，提升大学生参与高校管理的素质与能力。

（五）促进信息技术的应用

技术革命促进了社会的进步。现代信息技术的发展使计算机越来越普及。在高校的日常管理中，随处可见计算机的身影。大学生管理工作信息量大，一名大学生可能对应非常多的信息，如姓名、学号、性别、身份证号、家庭住址、政治面貌等。而且由于招生规模的扩大，一名大学生管理工作人员往往要面对几百名大学生，单纯靠传统的纸质的档案管理办法对大学生进行管理显然是行不通的。利用计算机技术和网络技术，大学生管理工作就能达到事半功倍的效果。

计算机技术还可以提高管理工作的效率。大学生管理工作中经常需要下发通知、收集各种汇总表格，利用微信等工具可以轻松完成这些任务，同时也符合节约型社会的要求，实现大学生管理工作的现代化。

1. 引导学生正确使用网络

信息社会，网络技术是必不可少的一项技术。掌握网络技术，也是学生管理工作人员应当具备的一项技能。依靠发达的网络技术，大学生管理工作可以真正做到系统化和快速化。网络的发展与普及，拓宽了学生的视野，加强了学生与教师之间的交流。同时，也让学生管理工作人员多了一种了解学生动态的途径，提高了工作效率。

网络对于学生思维方式的改变是巨大的，同时也大大改变了学生的行为模式。因此，建设完善的校园网络，符合当代学生的特点，也为学生管理工作人员提供了良好的办公环境，有利于提高工作效率。

2. 利用信息技术推动辅导员队伍建设

作为工作在学生管理工作第一线的辅导员，其信息技术应用水平直接决定了学生管理工作的效率。运用信息技术，轻松实现了无纸化办公，可更加快捷地传达学校的重要通知，便于辅导员及时与学生取得联系和进行有效沟通。因此，促进学生管理工作的发展，改革学生管理工作的模式，就必须加强对辅导员队伍的信息技术应用能力的培养。

尽管所学的专业不同，辅导员也要从思想上认识到信息技术的重要性。现代信息技术的应用对于提高整个学校的竞争力、提高学生管理工作的效率具有重要作用。

由于很多辅导员并没有系统学习过信息技术，特别是文科专业的辅导员，他们对于信息技术的应用仅限于上网浏览网页和收发邮件。因此，学校应当组织专门的培训，提高他们的信息技术应用能力，充分发挥辅导员的能动性，允许他们创造性地开展工作。要利用一切手段不断提高辅导员及学生管理工作人员的信息技术应用能力，让他们熟练掌握基本的办公软件，如 Word、Excel、PowerPoint 等。

综上所述，信息技术的应用对于学生管理工作十分重要，是提高大学生管理工作效率和效果的重要手段，是适应新时期大学生管理工作发展要求的一项重要举措。大学生管理工作是一项庞杂的工作，需要处理的信息量巨大，特别是高校扩招之后，学校对于大学生管理工作的准确性和及时性的要求也越来越高，这必然要利用信息技术来实现。要完善大学生管理工作模式，必须重视信息技术的应用。信息技术是实现大学生管理工作现代化的重要手段。

（六）掌握大学生管理的关键点

大学生管理工作是高校整体工作的重要方面。在具体的实践中，高校的管理工作者应注意把握其中的几个关键环节，主要包括入学教育、评优、纳新，关心爱护和严格要求，开学和放假、大学生基本信息管理等环节。只有全面把握大学生管理的关键环节，才有可能使大学生的管理工作走上更加规范而又科学的轨道。

1. 入学教育环节

高校的招生对象为高中毕业生。高等教育实行的是自我教育、自我管理和自我服务的管理模式，而大多数中学生的自我管理能力和自我约束能力较差。因此，帮助高中毕业生实现向大学生的转变和过渡是高校首先要做的工作。入学教育是大学生管理工作的第一个关键环节。在入学教育方面，要重点搞好军训工作，从队列、内务、日常行为等方面进行教育和强化训练，同时，还要使学生真正明白，科教才能兴国，中华民族要想在世界上立于不败之地，首先要振兴教育事业。另外，还要使学生了解本专业的发展现状和前景，帮助学生尽快树立一种"今天学知识，明天建祖国，现在准备好，将来去奉献"的职业道德观念，使"奉献自己、服务他人、努力打拼、不断创新"的信念成为他们的终身追求。

2. 评优、纳新环节

在学生管理方面，评选"优秀团员""三好学生""优秀学生干部""优秀毕业生"，以及奖学金的评定、党组织纳新是建立良好班风、学风和校风的重要激励机制。"优秀团员""三好学生""优秀学生干部"及奖学金的评定，每学年进行一次，"优秀毕业生"每届学生评定一次，党组织纳新一般每学年进行两次。

每次评优、评奖和党组织的纳新工作，大学生管理部门都会印发相关文件和要求，关键是各系部和辅导员要按照文件精神认真抓好落实工作，认真履行职责，真正把那些政治上可靠、学业上优秀的学生评选上来，把那些拥护党的领导、积极要求上进的学生早日吸收到党的组织中，把评优和组织纳新的激励作用发挥到最大。

3. 关心爱护和严格要求环节

无论是辅导员，还是专职管理者，如果只注重关心爱护，容易使学生形成侥幸心理；如果只注重严格要求，学生容易产生逆反心理，就会对教师敬而远之。关心爱护和严格要求，二者是相辅相成、缺一不可的。所以，当学生遇到生活、学习上的困难时，辅导员和专职管理者及时给予关心爱护和帮助是非常必要的。同时，当学生自由散漫、不尊敬师长、不遵守校纪时，管理者应当及时对学生进行批评教育。

在对学生进行管理时，关心爱护和严格要求均不可偏废，二者缺一，管理就不能成功。比如有的学者提倡赏识教育，赏识教育可以维护学生自尊，培养学生的自信心，使学生的能力得到充分发挥，但单纯的赏识教育是不全面的教育，赏识教育不是无原则的赏识，它是在严格要求基础上的赏识。在操作上，管理者应该有一双能够发现每个学生闪光点的眼睛，同时也不能放弃对学生的要求与管束。

4. 开学和放假环节

许多大学生有这样的心理：在学校时间长了，想回家看看，在家里时间长了，盼着开学。回家可以说是归心似箭，临近放假和开学时，学生的心理最不稳定，但不管是开学还是放假，管理者都应该教育学生在途中注意安全。

另外，教育学生借别人的东西要按时归还，个人的物品要妥善保管。放暑假要教育学生在游泳时防溺水，放寒假要教育农村学生严防煤气中毒。

5. 大学生基本信息管理环节

高校中的学生来自五湖四海，来自不同的民族、省份，每个学生的生活习惯、性格、兴趣爱好等都不同。不同的民族更有着不同的风俗，家庭经济条件好的学生和家庭经济条件不好的学生可能也有着不同的处世方式，单亲家庭或家庭有重大变故的学生容易产生心理问题，这就需要基层管理者，尤其是辅导员要掌握每个学生的基本信息，建立每个学生的信息档案，包括姓名、性别、籍贯、民族、家庭成员基本概况、联系方式、谈话记录等。同时，要经常与学生交流，使来自不同民族、不同地域、不同家庭背景的学生和谐相处，以形成良好的班风。

第三节　大学生管理工作手段的创新

一、大学生管理工作的融入式手段

（一）学生管理工作进网络

伴随着网络技术的根本性变革，它日益成为高校大学生获取知识和各种信息的重要手段。网络文化具有内容丰富、传播快捷、覆盖面广、难以监控等特点。它是一把双刃剑，既给大学生管理工作创造了良好的机遇，又使大学生管理工作面临严峻的挑战。

高校应充分利用网络这一现代化手段，搭建起有效的信息网络，积极拓展大学生管理工作的新领域；要因势利导，引导和教育学生正确使用计算机，真正提高大学生的网络知识层次和上网水平；要加强网络道德和心理素质教育，增强大学生的自控能力。

高校要定期举办相应讲座，对上网同学从思想上进行正反两个方面的教育，让他们知道在上网的过程中什么内容是不健康的、什么行为是不道德的和违法的，增强他们的鉴别能力；要加强网络管理，严格入网要求，防止有害信息的侵蚀。

高校一方面要提高校园网主页的质量，另一方面也要加强与校外网吧的联系，帮助学生走上健康上网之路。要培养、建设一支精干高效的大学生管理工作队伍。大学生管理工作者应掌握信息技术，及时收集、分析、监控网络信息，发现学生关注的热点、难点问题，尤其是带倾向性、群体性的问题，进而采取有效措施，有针对性地做好工作。

（二）学生管理工作进社团

校园文化是以学生为主体，以课外活动为主要手段，以校园精神为主要特征的群体文化。稳定和谐、健康向上的校园文化氛围，可以使大学生陶冶情操、规范行为、开启智慧，产生归属感和安全感，有利于增强大学生客观认识自我、完善自我的能力。

无论是早期的文学社、艺术团、学术沙龙，还是近期的公关协会、科技开发中心等，都是青年学生在不同层次需求的驱动下，展示才华、锻炼能力、加强联系、获得沟通的好场所，其中不少社团也是教育者理解学生、调适教育行为、提高教育效果的好渠道。

大学生管理工作者应该充分利用社团积极开展思想指导和管理工作。目前，校园社团文化建设中存在"三多三少"现象，即娱乐型的内容多，启迪型、思考型的内容少；各种社团活动名目多，而真正有吸引力的少；校内活动多，而能拿出去的东西少。究其原因，主要是社团活动层次较低造成的。因此，高校应加强校园社团文化建设，努力提高社团文化建设的层次，使它接近或略微超过大学生的理解能力和欣赏水平，更适合大学生的口味。

学生社团是学生自我管理、自我教育的重要形式之一。学校要加强对社团组织的管理，使社团在开展活动时注意遵循以下原则。

第一，学生社团必须服从学校的领导和管理。学生社团应在法律、宪法和校纪校规范围内活动，不得从事与社团宗旨相违背的活动。

第二，学生社团邀请校外人员到学校开展学术活动，均应经过学校同意。

第三，学生社团面向校内的刊物，须经学校批准，并接受学校的管理。

要注意坚持开展校园社团文化活动的长期性与实效性。有些地方开展校园文化活动存在着节日时活动一哄而上、平时则活动寥寥的现象，或者活动只注重表面，仅仅追求轰动效应，摆花架子做表面文章，不注重学生从活动中获益，不考虑受教育程度如何、效果怎样，这样的活动与教育目标是背道而驰的，与校园文化建设的要求也是格格不入的，应该力戒。

（三）学生管理工作进公寓

宿舍是几个人共同的温暖的家，是校园中最为舒适的地方。宿舍文化是几个人生活在一起逐渐形成的一种氛围，是几个人共同创造的独特个性，在校园文化中扮演着极为重要的角色。随着高校后勤服务社会化步伐的加快，学生公寓的环境氛围、文化设施，以及学生公寓管理服务的质量、管理模式，对传统的大学生管理工作提出了新的挑战，也给高校的稳定工作带来了新的问题。因此，大学生管理工作进公寓，是高等教育改革与发展的时代要求，是大学生管理工作者的必然工作方式。

大学生管理工作进公寓，是一项全新的工作，也是一项艰难的工作。大学生管理者要根据当前学生公寓管理的特点，建立新的大学生管理工作组织形式、工作机制。如辅导员进驻学生公寓，与学生同吃、同住、同生活；把学生党团组织建到公寓，充分发挥党团组织引导人、团结人、凝聚人的作用；建立学生公寓的自我管理组织，努力把学生公寓建成学生自我教育、自我管理、自我服务的场所；积极组织开展公寓文化建设活动，为大学生管理工作创造良好的环境条件和氛围等。

大学生管理工作进公寓，要特别重视加强对大学生集群行为的控制与引导。客观上，大学生住宿公寓化，容易引发学生的集群行为，而学生的集群行为具有行为过程的失控性、行为后果的破坏性等特点。一旦对学生的集群行为失去控制，极易扰乱校园秩序。因此，一方面要教育引导大学生全面、客观、辩证地思考问题，另一方面要建立正常的信息反馈和对话机制，针对问题，因势利导，及时进行情绪疏通，加强对大学生集群行为的控制与引导。

二、大学生管理工作的激励手段

（一）激励的理论基础

1. 激励的定义
激励就是激发人具有积极行动的动力，使人产生积极行为，提高效率。

2. 激励机制
激励机制是一种工作系统，通过这个工作系统可以激发激励客体的能力，充分调动激励客体的积极性。激励机制的基本要素主要包括激励主体、激励客体、激励环境、激励原则和激励方式。

将激励机制引入并应用于高等院校学生干部中，就是指高等院校、学生家庭、外部社会要从大学生干部的实际特点和自身需要出发，通过有效的激励方法和手段激励学生干部提高工作的主动性、创造性，进而带动广大学生的积极性，充分发挥激励机制在高校的教育作用。

完善的激励机制，是通过建立科学的激励制度，充分激发被激励者的创造性，提高被激励者的积极主动性，实现组织团队的持续高效发展的。高校的激励机制可以强化学生的动机，开发学生的潜能，使校园充满活力。

3. 激励的基本过程
激励的基本过程实质上是指激发人的动机的过程。动机是行为的先导，是行为个体引发并维持一定活动的一个心理状态，行为人做出一定行动的原因就是有了驱动力，有了干劲儿，继而朝向一定的目标前进。这个过程可以描述为：动机可以通过产生动力，进而引起人们的行为，维持并引导这一行为朝向预定的目标和方向前进。

激励是一个连锁过程，在这个过程中由需要出发，以满意为终点，通过激励行为连接两者，激励可以使行为人更加充满干劲儿，发挥潜在能力。即激发的一般过程为，需要—动机—行为，其中的行为是指向一定的目标的。

（二）大学生管理激励手段选择原则

激励是大学生管理者需要掌握的最具有挑战性的技能，它既要基于高深的科学理论，又要具有艺术性。为使激励取得效果，必须掌握一些正确的激励原则。

1. 客观性原则

客观性原则是指学校在制订和落实激励制度的过程中，要立足学生的实际情况，遵循学生的身心发展规律和学校的教育规律，有针对性地进行激励活动，注重客观事实，避免主观随意。无论是学校激励的主体，还是学校激励的客体，都是客观存在的，学校管理者和学生的需求也是客观既定的，学校在制订针对学生的激励机制时，要先全面了解学生、学生干部的需求、关注点，然后分层次、有目标地设置激励机制，提高激励效果。

坚持客观性原则应注意三个方面的内容：第一，激励的主体，即学校的管理者和教育者要意识到客观事实的存在；第二，在意识到事实存在的基础上，还要对事实进行全面系统的分析和研究；第三，在分析研究的基础上确定事物的性质。

2. 公平性原则

在激励过程中，组织内个体的工作状态和积极性一方面会受其所得的绝对回报的影响，另一方面还会受到与他人比较之后的相对回报的影响，而且后者影响更大。一旦行为人觉得自己的回报与预期相比，或者与他人相比不对称，就会感到公平性不够，行为的积极性就会受挫，激励就达不到最佳效果。因此，高校在设置激励机制时要注重公平，深入细致地了解学生的需求和关注点，尽最大限度做到公正。同时，还应改善管理方式，提高管理水平，使激励过程有效完成。

为了使激励真正做到公平，首先，激励制度的制订要公平公正，并且以同样的标准平等对待每位学生；其次，激励的程度要适宜适当，无论是物质激励还是精神激励都应该有合适的度；最后，要共同努力营造公平的氛围和环境。激励一般是对行为人行为的评价或评判，高校必须让学生站在同一起点上，从起点上消除差异，做到真正的公平公正，确保激励条件、激励环境都是公平的。

3. 发展性原则

所谓发展性原则，是指激励机制的设计和实施是动态的，是一个发展的过程，要以发展的眼光和创新意识去认识学校的激励机制并不断完善，不断根据实际情况进行调节，确保激励机制有针对性，能高效运行。

发展性原则要求高校的管理者，也即激励机制的制定者，要用发展的思维和眼光看待学生的需求，理性看待不同学生之间存在的差异，深入分析，针对不同对象实施不同程度的奖惩措施，在实施某一具体的激励措施时，必须从学生的实际情况出发，实事求是，着眼于学生这一激励客体的身心变化和需求变化，善于调动学生的创造性和积极性，结合内外界环境的有利因素，促使学生、学生干部进行自我调整、自我进步。

4. 差异化原则

在高校中，每一个学生都是一个相互独立的个体，其需要结构、个性特征、能力素质都存在不同程度的差异，同一种激励方式或手段作用于不同的学生，甚至在不同的环境和时期作用于相同的学生，都会引起不同的反应与效果。

因此，在激励中必须遵循差异化原则，根据激励对象和环境的差异采取相应的激励方法和手段，以求达到最佳激励效果。

5. 适时适度原则

所谓适时适度原则，应用于学校，是指学校激励者要在一个恰当的时机对被激励者实施激励，即恰逢其时，而且激励的程度要恰如其分，从而确保激励会收到较好的成效。

激励机制的适时适度是互相联系和相辅相成的。只有适度适时并存，不分先后主次，才能最大限度地发挥激励的作用。

6. 规范与教育相结合的原则

所谓规范与教育相结合的原则，是指一方面要调动学生的学习积极性，另一方面要把学生的行为控制在校规允许的范围内，要把针对学生的激励、教育与学生行为相对应。

一些不适当甚至过度的激励行为，比如大量大额向学生发放奖金和财物，过分鼓动学生重视和追逐名利，都是与教育的本意相违背的；又比如对于学生发生的违规情况，不分具体情况一味进行严惩，也是违背教育原则的。因此，规范与教育相结合的原则就是要求学校的规范制订要具有权威性，制订激励政策时要以国家的法律制度和政策法规为基础，并结合学校的相关规章制度和实际情况，要经过多方论证，不能主观臆断。

此外，学校教育应具有科学性、针对性和艺术性。在激励机制的设计和实施过程中，要充分挖掘学生的潜力，调动学生的积极性，学校管理者和教师要有计划、有层次地去认识和研究学生的心理状况。

最后，规范与教育是分不开的，是一个有机结合体，要用规范去约束、引导学生，这其实也是一个教育学生的过程，而教育的方式与方法也要遵循一定的规范。

7. 物质激励与精神激励相结合的原则

实践证明，物质激励与精神激励是互为条件、相互作用的。只有将二者有机结合起来，才能达到激发学生积极性的目的，削弱其中任何一方都会降低激励效果。

因此，大学生管理工作者在实施激励的过程中，一方面，要运用奖品、奖学金等物质激励手段，通过满足物质需求来调动学生的积极性；另一方面，要高度重视精神激励手段的作用，满足学生尊重、发展、成就等方面的精神需求，从而形成更为强大、持久的激励力。

（三）大学生管理激励手段主要模式

大学生管理激励手段的模式有多种，高校管理人员、教师在多年的实践中总结摸索形成了许多相对稳定和广泛的激励模式，下面介绍颇具共性的两种模式。

1. 思想激励

从引导行为人的起点划分，激励可以分为外在激励和内在激励两种形式。外在激励的表现形式主要是一系列行为规范，对个体的影响也是通过对周围的环境条件的改变来进行的。比如，通过建立和执行一些规章制度，来强化或者削弱行为人的某些行为。内在激励则是指通过诱导、启发的方式，激发行为人的主观能动性，提高行为人的行动自觉性与热情，充分发挥行为人的潜力。

思想激励具有内在激励和外在激励的双重属性，是指通过深入细致的思想政治工作激发学生奋发向上的内在动力，振奋学生的精神，鼓舞学生的斗志，充分调动学生的积极性，使其保持乐观向上的精神面貌，从思想层面认同学校的理念，形成持久的动力。

思想层面的激励方法主要包括目标激励、情感激励、榜样激励，目标激励和情感激励，都属于思想教育，通过晓之以理、动之以情的内在激励，使行为人受到触动，之后从思想上提高认识，增强信心，明确目标，提高行动自觉性。

思想层面的激励会调动学生的积极性，使其提高主观能动性，凡事积极主动，有上进心和进取心，在学习上踏实认真，有责任感、使命感，富有创造性。

此外，思想激励是物质激励和精神激励的有机结合，更偏重于精神激励。行为人首先具有物质需求，在物质需求得到满足之后才会追求精神层面的满足，物质需求是基础，精神需求是物质需求的补充和发展，它建立在物质需要这一基础之上，高于物质需求。

在资源逐步丰富、生活条件不断改善的基础上，人们的物质需求不断得到满足，在精神层面也逐步产生多样化的高标准需求，而激励，尤其是思想激励在满足人们物质需求的基础上，可以很好地满足人们的精神需求，给行为人较高的满足感。

思想激励侧重于内在激励，侧重于通过深入细致的思想层面的教育，提高行为人的思想认知，通过不断的内在激励而到达自我激励。由此可见，思想激励不仅要对被激励者的内在需求和外在需求、物质需求和精神需求进行了解，还要引导被激励者产生更高层次的需要，提高激励客体的思想水平，使其在主观上具有积极性、上进心，从而达到良好的激励效果。

2. 校园文化激励

作为一种群体文化，高校校园文化是在教学过程中经过探索和积累所创造和形成的校园物质文化、校园精神文化、校园制度文化和校园行为文化的总和。

校园文化的精髓部分体现在校园精神文化上，校园精神文化包括教师和学生两个群体共同的理想信念、价值观念，以及优良的学风、校风等精神因素，能够保证高校教书育人目标的实现。此外，良好的校园文化能使学生从中找到表现自己和发展自己的动力和氛围，认识到自己的价值并不断挖掘，从而树立自信心、获得荣誉感。

良好的校园文化可以从内在影响学生，陶冶学生的情操，规范学生的品行，引导学生的行为。

良好的校风、学校形象可以满足学生的精神需求，能对学生产生潜移默化的影响。从某种意义上讲，校风代表着学校的形象，是一种精神氛围，体现着学校的核心竞争力。学生身处这种良好的育人环境中，身心健康，心态端正，能够主动遵守学校的规章制度，推动学校的发展。而且现阶段，高校的数量迅速增多，投资主体多元，面临严峻的竞争形势。这个时候，良好的学校形象就显得非常重要，如果不能适时适当地规划学校形象，就不能得到学生和家长的青睐，不能得到投资者的认同，不能激发学生的主动性，不能实现学校的可持续发展。

（四）大学生管理激励手段常用方法

激励是大学生管理必不可少的手段。所谓激励，是指激发人的动机，诱导人的行为，使其发挥内在的潜力，为实现所追求的目标而努力的过程，其实质就是调动人的积极性。激励方法是否得当，直接制约着大学生管理工作效率的高低，因此从某种意义上说，激励是大学生管理工作的核心因素，地位举足轻重。大学生管理者必须有效发挥激励作用，掌握激励艺术，促进大学生全面发展、健康成才。常用的激励方法有以下 5 种。

（1）理想激励法，即通过唤起大学生的理想追求，鼓励大学生为实现自己的人生理想而努力学习，这种激励法可以增强大学生的自豪感。

（2）目标激励法，即引导大学生不断朝着目标奋进，使他们感到学习有劲头，这种激励法可以增强大学生的责任感。

（3）信息激励法，即帮助大学生明确自身的实际情况，从而引发大学生的危机感，增强其紧迫感，使其更加努力地朝着目标奋进。

（4）榜样激励法，就是培养大学生自觉遵守道德规范，形成具有时代精神的大学生风范的有效手段和重要方法。榜样的作用，可以增强大学生的活力和凝聚力，提高大学生的素质。榜样是在道德实践中产生的，一般情况下，榜样的形象是完美的，值得每个社会人追求效仿和学习跟进。榜样具有感召力，是一种精神，可以带动社会良好氛围的形成，而榜样激励是为大学生提供行为示范的有效手段，可以促使大学生身体力行。

（5）奖惩激励法，就是指通过鼓励人们符合要求的积极行为，限制人们不符合社会期望的错误行为，来引导人们采取正面行为的激励措施。其中，奖惩就是通过一定的物质方式或者精神方式，对行为规范、目标明确、表现优秀、达到管理要求的人或事给予肯定；而对于消极懈怠、不积极进取，甚至违反管理制度、表现差的人或事给予否定，进行批评教育，甚至进行惩罚的一种方法。

在运用激励方法时，要因人、因事、因地灵活运用，并且要讲究时机，适度运用。这样我们的管理就会取得更好的成效，管理水平也会自然而然地提高。

第七章

时代背景下大学生管理工作创新

第一节 "互联网+"时代大学生管理工作创新

一、"互联网+"的科学内涵

"互联网+"代表一种新的经济形态，即充分发挥互联网在生产要素配置中的优化和集成作用，将互联网的创新成果深度融合于经济社会各领域之中，提升实体经济的创新力和生产力，形成更广泛的以互联网为基础设施和实现工具的经济发展新形态。"互联网+"行动计划将重点促进以云计算、物联网、大数据为代表的新一代信息技术与现代制造业、生产性服务业等的融合创新，发展壮大新兴业态，打造新的产业增长点，为大众创业、万众创新提供环境，为产业智能化提供支撑，增强新的经济发展动力，促进国民经济提质增效升级。

（一）"互联网+"的本质是传统产业的在线化、数据化

"互联网+"的本质是传统产业对互联网的深层次、全方位应用，以及互联网对传统产业的改造和重塑，而非简单地在线化和数据化传统产业。互联网的应用可以解决现有市场机制下许多解决不了的问题，如缓解信息不对称、降低交易成本；也可以通过改变生产流程，促进竞争力的提高。我国互联网在商业领域的应用已经处于世界领先水平，而互联网在工业领域的应用却大大滞后。从互联网商业到互联网工业，是从互联网应用到"互联网+"的最好诠释。互联网及信息化正带来新一轮科技革命。中国当前正处在抓住和引领产业革命前沿的最佳机遇期，抓住这次机遇，对于中国经济的长远发展和创新体制建设，具有深远的意义。

（二）"互联网+"是互联网的全方位应用

互联网归根到底是一种工具，就像前几次技术革命中的蒸汽机、电一样，它从产生就得

到各行各业的广泛应用。从这个意义上来看，"互联网+"是以互联网为主的一整套信息技术（包括移动互联网、云计算、大数据技术等）在经济、社会和生活各方面的扩散应用过程。单纯从互联网的应用角度来理解"互联网+"可能会让人产生疑问：既然"互联网+"是国民经济各行业和全社会对互联网的应用，在市场经济体制下，因竞争压力而借助互联网进行成本缩减必然成为市场主体的理性选择，那么，互联网的应用不是水到渠成的事情吗？为什么各个国家都以不同的形式将类似于"互联网+"的内容（如美国的工业互联网）列为国家级战略布局？其核心在于互联网与哪些产业"相加"。

（三）"互联网+"是产业应用，更是产业重塑

从中国近年来互联网的短暂发展史来看，中国当前正经历互联网商业向互联网工业过渡时期。互联网与商业的结合，极大地改变了我们的日常生活方式，中国电子商务的快速发展印证了这一点。互联网对商业的改写，毫无疑问降低了市场的运行成本，弥补了中国非统一市场的缺陷，但本质上并未改变其商业属性，解决的仍是生产与消费的低成本匹配问题；基于互联网的零售业，从本质上只是缩短了零售环节，节省了交易成本。因此，基于商业贸易的互联网应用，虽然可以改变产业形态，但理论上来说并不会大规模产生新的经济知识及技术创新。但互联网与工业的结合，却在改写工业生产方式、经济知识供给方式及技术创新模式。基于互联网的工业并不是传统工业的补充，而是对传统工业的升级或替代。发达国家虽然服务业占比超过工业占比，但这些国家均具有对工业技术的核心掌控能力，制造业发展对于国家创新体系仍起到非常重要的作用。

二、"互联网+"时代大学生管理工作的发展趋势

（一）全面提高大学生媒介素养

1. 当前我国大学生媒介素养教育存在的问题

"互联网+"时代大学生媒介素养存在诸多问题的主要原因在于我国媒介素养教育的长期缺失。要想消除此沉疴积弊，不仅要加强、完善对新媒体的监督管理体系，更要调动社会、学校、媒体与家庭四方面的联动作用，构建"四位一体"的媒介素养教育体系。

1）高校媒介素养教育的缺失

高校的教育是大学生提高媒介素养最直接有效的途径。在实践中，只有少数大学生能通过有限的校园媒体资源去参与、体验媒介的运作，但在体验的过程中缺乏专业老师的指导和培训，基本处于自发状态。在理论上，除了传媒相关专业学生，学校很少面向其他专业学生开设关于媒介素养教育的课程或举办相关讲座。

2）新媒体中"把关人"作用的缺位

教育并非一定来自课堂，大学生对媒体的接触、实践也是一种间接的接受媒介素养教育

的方式。新媒体所提供的价值取向，无论是对信息价值的判断还是对事件思考方式的提供，都会潜移默化地影响大学生对于客观世界的认知判断，甚至为他们价值观的形成提供参照。在新媒体环境里，媒体上传者与受众界限模糊，"人人都有麦克风"、人人都是"把关人"，但是专业素养的缺乏使得信息的真实性和质量难以保证。值得注意的是，在新媒体中是否进行把关，更多的不是能力问题，而是态度与观念问题。为了获得眼球经济，争取更多的受众，网络媒体的信息筛选加工往往只看市场标准，使得许多虚假、媚俗的信息充斥其中。新媒体公信力的降低和"把关人"的实际缺位，给大学生带来了负面影响，会使他们形成重物质享乐、轻责任理想的风气。

3）国内媒介素养教育体系建构不足

在我国，素质教育的口号已经喊了很多年，许多地区也纷纷出台文件，试水教育改革，但是始终无法撼动拥有悠久历史的应试教育体制。这使家庭和高校对青少年的培养带有明显的功利主义色彩，追求实用和速成。而媒介素养教育的成果是寓于长期、持续的教育之中的。这两者间的矛盾揭示出了我国媒介素养教育难以形成规模的社会历史根源。

此外，我国媒介资源有限而人口数量庞大的现状也使媒介素养教育的推行缺乏硬件支持，难以形成一定的规模和体系。同时，在媒介素养教育方面，缺少政府部门政策制度的支持，缺少推行媒介素养教育的专门机构，这也是社会各界对媒介素养教育的紧迫性和重要性无法形成正确认识的根本原因所在。

2. 提高大学生媒介素养的有效途径

1）学校方面

（1）营造媒介教育氛围，进行媒介素养宣传。媒介素养要进入校园，融入大学生的生活中，还要经历一个大家认识和认可的过程。因此，大学校园应充分利用自身传播知识和文化的优势，加大对媒介素养的宣传力度。校园广播、电视台、报纸、期刊、社团等都是校园媒介素养宣传的舆论阵地，对大学生有着不可替代的潜移默化的影响。所以，加强校园媒介素养宣传，就要形成全方位的校园舆论环境，利用各种媒介形式和手段，营造良好的媒介教育氛围。

（2）开设媒介素养教育课程，建设高素质媒介素养教育队伍。媒介素养是一个新的课题。迄今为止，我国在媒介素养教育方面尚未完全找出一条适合本国国情的道路。大学生对于媒介素养这一名词既熟悉又陌生，对于媒介素养教育学科的含义也缺乏较为理性的认识。在大学教育中引入媒介素养教育课程，结合各高校的优势力量进行教育，是解决大学生媒介素养问题最有效、最科学的途径之一。高校在课程的设置上，可以采用实践性课程与多元理论性课程相结合的模式，并且还可以通过举办相关讲座、辩论会等活动，以不同形式促使大学生树立正确的新媒体观念。

（3）充分利用大学校园资源，增加媒介认知。很大一部分大学生较少参与媒介信息的制作与发布，这无疑给媒介工作蒙上了一层神秘的面纱。传媒作为一种合理存在并蒸蒸日上的事物，它的内容和灵魂在当今大学生的生活中是无孔不入的。大学校园有着各式各样的教育、学习工具。校报、校园广播电台、电视台、校园微博等都是大学生可以接触并参与其中的媒介资源。高校应充分鼓励大学生利用校园媒介资源，如建立校园校报编辑室，让大学生亲自去采集、编辑、制作和发布信息；开设校园微博，建立校园微博管理委员会，让学生参与到微博的创造、传播和管理的一系列过程中。

2）媒体平台方面

（1）发挥"把关人"的作用，提高自身的公信力。媒体平台在信息生产和传播方面应扮演好"把关人"的角色，各式各样的传媒文化给大学生的价值取向带来强烈的冲击，在很大程度上影响着他们的人生观和价值观。面对大千世界芸芸众生中纷繁复杂的各种信息，媒体平台往往掌握着这些信息能否发布和传播的选择大权。媒体平台理应帮助大学生认识社会、积累知识，使每一位大学生在媒介所传递的正确价值导向中耳濡目染地逐步提高媒介素养。因此，新闻工作者就应努力提高理论水平，努力提升自身的采编写基本素质，同时，要坚持正确的舆论导向，以正确的舆论引导大学生，这样才能引导那些辨识能力低的大学生认清真相。最后，媒体从业人员必须具有职业道德，对自己的职业行为所产生的社会作用和社会影响承担相应的责任。

（2）与大学校园合作，为大学生提供实践平台。媒介素养教育与媒介实践是双向互动的，大众媒介应与大学校园"联姻"，为大学生提供更多的实践机会。例如，媒体平台与校园联合发起一次"DV校园新闻制作"大赛，媒介专业人士走进校园为学生提供专业指导，大学生从拍摄、加工到制作全程参与，最后评选出优秀的作品在媒体平台播出，使同学们在获得成就感的同时还能收获相应的媒介知识。网页制作大赛、校园新闻制作大赛等无疑都可以成为媒体平台与校园合作的最好形式。与此同时，高校还可以定期邀请知名主持人、经验丰富的编辑人员、记者等走进校园，与学生们进行面对面的交流互动，增加大学生对于媒介的感性认识，消除大学生对于媒介的陌生感。只有这样才能不让大学生被媒介的形式和内容"牵着鼻子走"，成为媒介的理智消费者而不是单纯地鉴赏、浏览传媒发布的信息或仅仅热衷于新传媒所带来的新感觉。

（二）搭建系统的高校网络平台

1. 打造特色网络品牌

校园网络平台关键性的动态指标体现在内容、准确度及更新速度等方面。目前的大学生大多是随着网络一起成长起来的，若想利用网络吸引他们的视线，需要具有特别的形式、丰富的内容、急速的更新。因此，高校校园网络平台应该改变原有的形式呆板、内容简单、功能单一、更新迟滞等不足，更好地解决吸引力不足、利用率低等问题。应完善校园网络平台的功能，提高用户参与程度，加快、加深与校园文化的融合，更好地促进高校的发展。

2. 优化校园门户网站

校园门户网站是每一所高校在互联网中展示自我的绝佳平台，是发布相关信息的固定渠道。在门户网站上可以尝试开辟校园特色专栏，该专栏应以本校学科特色为核心，围绕主体用户——学生，将思想政治教育、专业知识、科学技术、就业引导、特色文化等模块组合，设计内容优良、布局合理、形式新颖的校园网站，不仅能提高社会关注度，而且更重要的是能吸引更多学生关注校园门户网站，积累荣誉感及归属感。

3. 打造校园官方微博

官方微博是网络发声的新媒介，高校、企业、政府等纷纷开通了官方微博。微博在扩大宣传面的同时，能更加快捷地发布信息，引导交流互动。学生手持手机刷微博已成为一种流行，而利用微博的特性，校园官方微博可将学生的注意力凝聚起来，通过发布社会热点问题与话题、普及与学生学习生活相关的知识与信息、组织学生参与活动及话题互动等，能更好地配合其他校园文化建设活动的开展。

4. 建立健全管理体制

大学生在社会网络中是最活跃的群体，也是网络互动参与量最大的成员。因而，高校的各部门及院系应提高对网络平台重要性及必要性的认识，加大投入，尽快高质量开发校园网络平台；高校应针对如何引导网络评论、控制网络舆情、监管网络动态、处理网络突发情况等建立专门的技术团队，维护、管理、利用好网络平台。在现有的校园管理制度的基础上，要规范和创新校园网络平台管理机制，通过统一的规章制度明确管理者、参与者的义务与责任，规范管理、教育引导学生形成健康的网络道德，使校园网络平台的使用秩序井然；建立校园网络平台的各级管理体系，使网络信息的监控、收集、分析、干预等反应机制更为完善，保障校园网络平台的正常运转。

5. 营造校园网络文化，共筑品牌校园文化

高校校园文化因网络的介入而更加丰富、鲜活，同时对高校思想政治工作及德育工作也提出了新的挑战。打造内容丰富、功能完善、开放性的校园网络平台，可以引导学生健康上网，传播校园主流文化，展现高校的品牌特色。构建好校园网络平台，营造健康和谐的校园网络文化，共筑品牌校园文化，这既是对网络所带来挑战的有力应对，更是为全校师生提供更加有活力的成长空间。

（三）实现教育、管理、服务一体化发展

目前，各类高校间在人才、科研、资源等方面的竞争异常激烈，为在竞争中脱颖而出，高校不能采用单一路径奋起直追，而要用更加开阔的视野、更有效的办法，集中更多样的资源，走多样化、跨越式发展的办学水平提高道路，唯此才能既夯实基础、扎扎实实做好基本工作，又能大胆改革，建立起新的视域、新的路径，充分运用好灵活激励的机制，发掘组织内部多样化的资源，走超常规发展之路，开展高水平高校建设的卓越进程。

1. 践行教学管理与学生管理一体化的初步思路

调整机构设置，优化人员配置，完善分工协调。一是撤销学生处，将学生处的部分管理职能划归教务处，教务处设置教学运行管理、学生管理、教学基本建设管理和实验实践教学

管理四个职能；二是继续强化二级学院管理职能的重心下移，分管教学的学院领导要协调学生工作，使教学工作与学生工作有效融合，加强、完善和优化学院办公室的职能与人员配置，学院办公室统一负责教学、科研、学工、党务、行政人事工作的日常管理，从而为教学管理和学生管理一体化提供组织保证。

2. 完善和创新一体化管理制度

在现有的教学管理和学生管理各项制度的基础上，根据一体化管理目标要求，优化学工部、学生社区、校团委与各学院的协调功能，优化各学院教学与学生管理职能，探索建立一个运行有效的教学和学生管理一体化的管理模式、管理制度，使学生教育管理"到边到底到位"。比如，可以试行教学与学生管理联席工作例会制度、任课教师和辅导员交流协作制度、教风与学风建设联动制度等，并计划由教务处牵头，社区、校团委、学生学业信息咨询中心、各学院共同参与，完成教学与学生管理一体化的基本框架建设，从而为一体化管理提供制度保障。

3. 加强教学与学生管理一体化的信息建设

教学管理和学生管理一体化的信息系统的建成，可以实现信息的集中管理、分散操作、信息共享，使传统的管理向数字化、无纸化、智能化、综合化及多元化的方向发展。为此，高校要进一步完善教学管理和学生管理信息系统的建设，以实现教学与学生信息资源共享及信息互动，促进管理的规范化，增强学校和学院两级的教学与学生一体化管理协作，使其更好地为学校的育人功能服务。当然，教学与学生管理信息系统涉及面广、功能性强，它在为学校教学与学生一体化管理工作带来高效、便捷的同时，也将对今后的教学与学生一体化管理工作提出全方位的、更高的要求。

（四）学生管理工作制度化与人性化的有机融合

1. 转变观念，牢固树立"以学生为本"的管理理念

理念主导行动。要做好大学生管理工作，最重要的是转变观念，牢固树立服务意识，采取换位思考的方式，从学生的视角去看待问题和解决问题。各项工作必须立足于学生现实发展的需要，围绕调动学生的创造性和积极性而展开，把工作的着力点放到研究学生关注的热点和焦点问题上来，始终以学生的愿望和呼声作为工作的抓手，把学生是否满意作为检验工作的尺度，让个性在制度允许的情况下得到充分自由发挥。要积极构建学生成长成才的管理服务体系，从以强制性教育管理为主的工作格局转变到强化服务、引导和沟通的新格局上来，由传统的"教育管理型"向"教育管理服务型"转变，牢固树立"以学生为本"的管理新理念，使学生管理工作真正抓出成效。

2. 建立科学、规范、完善的学生管理人性化制度

人性化管理是建立在科学合理的制度之上的，离开了合理的规章制度和规范的管理，学校的管理将失去依托，各项工作将成为一盘散沙。规章制度是依法治校的基础。因此，必须建立科学、规范、完善的制度体系，通过制度来充分表达学校对学生的管理态度和要求。因此，制度既要合理科学，又要符合时代发展要求；既要体现对学生的要求，又要充分信任和尊重学生，同时还要体现学校的管理手段和方式。要以教育为主、处罚为辅，并为进一步促进学生全面发展营造更加宽松的氛围和空间。这就要求学生管理工作者经常开展调查研究，充分了解当代大学生的思想动向，听取他们的合理需求，甚至让他们参与制度的制定，使制度的产生立足于学生的现实需要，制定出公正合理、严格平等的学生管理制度。人性化管理不是放任管理，更不是人情化管理，人性化管理是以严格的制度作为管理依据的，是科学规范而具有原则性的，它不是降低规章制度的严肃性和公正性，而是更注重提高管理学生的艺术，改变管理的方法和方式，其最终目的是要教育、培养和发展学生。

3. 建立一支稳定、优秀的学生管理工作队伍

制度化与人性化有机融合的管理模式对管理者提出了较高要求。在学生管理中，要求每个管理者都充分发挥主观能动性，个人能动性发挥程度直接影响着学生管理工作的质量和效率。因此，做好学生管理工作，就必须建设好辅导员和班主任队伍，不断把德才兼备的年轻干部和优秀毕业生充实到学生管理工作队伍中来。

榜样的作用是有效管理的关键。教师作为管理者，要通过自己的行为去影响学生，因此需要教师具有良好的品德及知识素养，处处为学生树立榜样，在管理中融入自身的人格魅力；还应注重学习，不断提高自己的理论水平和业务能力，以及正确的决策能力；重视学生在管理中的重要作用，尊重学生，把他们视为自己的朋友，及时发现和表扬他们的优点，以个别提醒的方式指出其不足之处，少当众批评，批评时尽量多用鼓励、启发、商量的语气，避免使用命令语气；用公平、公正的心态对待学生，做到对学习好的学生从精神和物质上给予奖励，对表现差或违反规章制度的学生给予严肃的批评处理，并帮助其寻找原因；在工作中应时刻保持谦虚的作风，善于多方听取学生的意见，修正工作中的不足和偏差。另外，还可采取听报告或讲座，出去调研或进修等多种形式，加大对学生管理工作者的培训力度，形成一支理论知识扎实、业务能力强、管理经验丰富的优秀学生管理工作队伍。

4. 注重提高学生自我教育、自我管理的能力

自我教育能力是指学生自觉主动地把社会要求的思想道德规范在内心加以理解，并通过实践转化为比较稳定的自觉行为的能力。当代大学生参与意识较强，他们乐于对自身的生活、学习进行决策和控制，因此，有效调动学生的主观能动性，激发学生的参与意识，建立和实行学生工作以管理者为指导、以学生自身为中心的服务型管理模式，充分发挥学生在管理工作中的主体作用。要善于多角度引导学生，采用多种形式鼓励学生参与管理，培养他们的自律能力，尊重他们的民主权利，唤起他们强烈的责任感，做到使外部的制度管理与学生内部的自我教育有机地结合起来。学生参与管理的形式是多种多样的，如组织学生成立自律会，检查、督导学校各项规章制度的执行情况，引导学生在管理过程中进行自我反思和自我教育，使其树立自律、自强意识，帮助学生完成从"他律"到"自律"的转变；让学生加入伙食管理委员会、宿舍管理委员会，或担任班主任助理等工作，组织开展各项文明评比活动，学生有权对关系自身根本利益的大事向学校提出建议；放手让学生会、团委及相关社团

组织开展各项活动，体现学生的主人翁地位。在这种管理模式中，学生具有双重身份，既是管理者，又是被管理者；既学会知识，又学会做人，在自我教育、自我管理中使学生的责任感和自我管理能力得到提高。

三、"互联网+"时代大学生管理工作的创新

（一）增强学生网络法治意识，加大网络文明建设力度

当前，我国关于网络的相关法律法规并不完善，高校对大学生网络法治意识与网络文明的宣传教育力度不足，加上对大学生的网络行为缺乏正确、有效的引导，导致大学生网络法治与网络文明意识普遍不强，从而造成大学生网络行为规范的缺失。高校作为大学生网络法治与文明建设的主要场所，并未有效占领网络法治文明系统建设的前沿阵地，未能形成良好的校园网络文化氛围。

针对这一现象，首先，国家要根据网络发展的新情况和新问题，及时制定和出台一系列适应网络环境快速发展的新法律法规，不断提高打击网络犯罪与网络不文明行为的能力。大学生管理人员要加大对学生开展网络普法教育、网络安全教育和文明上网教育的力度，积极引导学生以遵纪守法为荣，对有关网络法律问题进行主动思考，如利用社会上的一些典型案例教育学生触犯网络法律所应承担的法律责任，以示警醒；同时，可在学校相关网站或BBS社区上开辟寓教于乐的法治教育网页，设立在线互动答疑等栏目，发动学生积极参与对网络违法现象与不文明行为的深入探讨，在潜移默化中提升大学生的网络法治意识与网络文明意识。其次，必须坚持他律与自律有机结合，倡导在学生群体中形成互相监督、合法文明使用网络的氛围。杜绝学生对网络违法行为与不文明行为的包庇与纵容，把学生分散的网络文明行为凝聚成有组织的共建网络文明的行动。在这一过程中，应充分发挥学生党员的模范带头作用，培养一支政治立场坚定、作风正派、网络技术过硬的学生党员队伍，使学生党员队伍肩负起宣传网络法律法规、倡导网络文明的重任，充当好网络文明使者，利用他们来自学生当中便于与学生沟通、易于被学生接受认可的优势，引导好大学生的主流价值观。

（二）开拓网上思想政治教育阵地，加强对学生网络民意的疏导

作为大学生管理人员，必须抢占网络高地，通过网络平台创建"红色社区"，在校园网上建立理论专区，构建思想政治教育阵地。一方面，大学生管理人员应高度重视大学生网络民意的表现，密切掌握大学生的思想动态，对于大学生所关注的热点、难点问题在网上给予及时的回应，做好疏导工作。我们应该想办法深入到学生喜欢参与交流和讨论的网上社区、网站和聊天室等，积极与学生互动交流，及时了解大学生的网络情绪。特别是针对一些学生关注的重大政治事件等敏感问题，要及时在网上进行旗帜鲜明的正面引导，在引导过程中要注意坚持柔和的交流态度，言之有理，言辞恳切，力求把一些尖锐的矛盾化解在萌芽状态。

同时，要尽可能团结好网络中的骨干活跃人员，在网上有关敏感话题的争论中，骨干活跃人员的行为对普通网民有巨大的影响力，要积极发挥他们的正面影响力，教育和带动更多的网友理性、成熟地思考问题。另一方面，要建立网络舆论突发事件应急机制。突发事件发生后，通过网络广泛、迅速地将真实情况直接发送给每一位同学，提高组织传播的效率，减少信息在多层传输过程中的人为减损，防止学生被不实信息误导、煽动而引发更大的混乱。

（三）充分利用网络资源，加强对学生的服务工作

在现阶段的实践中，网络技术与资源在大学生管理工作中的应用还处于初始阶段，很多都是停留在"面子工程"的形式上，没有落到实处。要切实在网络上开展大学生管理工作，必须坚持管理与服务相结合的原则。一方面，要加大校园网络的信息量，在校园网络平台上除了能查询到学校的各种方针政策、规章制度和通知等常规信息外，还应提供各种大学生常用的学术资源、生活社交资源，努力把校园网络建设成一个便于大学生学习、生活的综合性平台。另一方面，多拓展针对学生的网上服务空间，如开展网上心理咨询、网上就业信息咨询、勤工俭学信息发布、网上社团活动发布等，努力利用网络自身具备的优势来消除某些管理工作或服务工作在现实操作中的局限性，开创大学生管理工作的新局面。例如，大部分心理有问题的学生都不太善于交流和沟通，而网络可以为了解学生心理动态和进行心理咨询提供一个全新的平台。通过网上心理咨询服务，可以消除面对面的尴尬，避免现实交流带来的障碍，可以慢慢地深入问题学生的心理，使其敞开心扉地宣泄内心的情绪问题，从而使教育管理者可以对症下药，准确地引导学生的行为，为更顺利地开展学生心理工作提供良好条件。

综上所述，随着信息时代的到来，在人们生活或学习的各个领域中都能看到互联网的影子，网络在各个层面和领域中都有所渗透。互联网用其多种功能不断地丰富着人们的生活和阅历，将各种思想和信息有效地进行传播，因此网络在学生的思想教育和管理工作中必将发挥着不可替代的作用。现阶段的很多高校，鉴于学生不断增长的网络需求及互联网极强的功能，网络平台在学校中逐渐地被建立起来，在学生思想教育和管理工作中发挥了不可替代的作用，工作效率也逐渐得到提升。

第二节 大数据时代大学生管理工作创新

一、大数据的概念及应用

大数据是当前信息科技发展的一个热点，对于我国社会建设来说将会发挥巨大的作用。从本质上看，大数据即信息挖掘，目标是要发现大量数据背后隐藏的规律，将之作用于社会各项事业之中，推动其向前继续发展。

（一）大数据的定义

在当前的通信分析领域，大数据是一项较为前沿的技术，其概念包含有数据仓库、数据分析、数据安全、数据挖掘等。大数据的商业价值已经成为信息行业竞争的焦点。大数据包括各类互联网信息，人们的各项互联网活动都可以成为大数据分析的对象。另外，交通工具、生产设备、工业器材等通过传感器传播的各类数据也会成为大数据的研究对象。人们通过对海量的数据进行随时随地的测量，不间断地对数据进行分析，利用新的数据处理模式，获取更强的决策力和洞察力，实现流程的优化和数据的匹配处理。总之，大数据技术是通过对海量数据进行统计分析处理，从中获取人们行为活动规律的各类信息。大数据的价值在于快速处理各类数据，因为只有快速才能产生实际效用。

随着网络设备的快速发展，大数据技术能够实现多个企业跨行业融合，创造出难以想象的经济价值，实现最大的社会效益。利用大数据，各行各业都可以实现自身业务的较大程度增值和增效，表现出前所未有的社会价值。所以，大数据可以定义为在合理时间内采集大规模数据，经过处理以后帮助大量使用者采取更为有效决策的数据分析处理过程。

今天，大数据技术已经成为人们创造价值的又一个新工具，大数据已经成为人们获得新知识、创造新价值的一个重要源泉，还能为人们改变各种关系提供帮助。

对于高校思想政治教育来说，大数据的作用也显而易见，而且对未来发展将会起到非常有利的作用。在这种影响下，我国高校思想政治教育工作也要引入大数据，利用大数据对学生进行针对性的教育，提高高校思想政治教育工作的实效性。

（二）大数据在教育领域的应用

在教育领域，大数据的价值可以在整体上划分为宏观和微观两个方面。在宏观上，大数据能够帮助教育管理部门作出适合整个地区或者全国的教育决策。通过将地区的教育数据整合在一起，大数据可以发现这些教育数据背后隐藏的规律，从而制定有针对性的教育政策，或者运用这个规律，或者对这个规律进行纠正，以达到教育活动的目的。

（三）大数据在大学生管理中的应用

大学生管理工作的主要任务是整合各类学习资源，拓展学生的学习空间，提高学生的学习效率，促进学生提高综合素质，帮助学生消除学习、生活及成长过程中遇到的烦恼和心理障碍，提高学生的心理健康水平，顺利适应并度过美好的大学生活。在教育管理过程中，高校出于自身管理方便和节约成本的考虑而忽视学生正当权益的事件时有发生；部分教职员工服务意识淡薄，服务能力弱，服务水平低，把较多的精力和时间投入到科研中，对学生缺乏应有的关爱和引导；再者，由于学生管理工作面广量大，与学生利益相关的管理部门众多，因此在解决与学生相关的实际问题的过程中，出于部门利益的考虑，部门之间经常相互推诿，管理效率低下。因此，高校应积极构建和完善大学生成长成才的服务机制，完善与学生利益相关的政策规章的制定，明确实施程序，提高教育管理组织的服务职能，培养和提高广大教职员工的服务意识，帮助学生解决在个体发展阶段必然或者可能面临的实际困难，为学生的成长成才创造条件和平台。

如何利用大数据技术在大学生管理工作中发挥优势与效益，形成高校用数据做教育决策的意识，成为当前的研究重点，而建立一站式数据资源服务平台在大学生管理工作中起着关键作用。

在大数据时代，数据资源是海量的。理论上，一个学校可以收集它所有学生的所有数据资源，如学生个人信息、特长爱好、性格特征，甚至包括社交、日志信息等各种网络资源。高校可以充分利用机构优势，有组织地通过对各类数据源的定位和连接，实现数据的采集、传输和汇聚。由于数据资源具有体量巨大、类型繁多、生成快速、混乱无规则等特点，而且，这些数据来源于不同的机构或部门，因此很有必要建立统一的数据标准以提供资源之间的无缝链接，提供各种数据管理服务，例如数据存储、数据加工、数据发布，数据共享等。

在数据的洪流中，异构、分布和海量的各种数据资源得以汇聚及融合，形成中心资源库，通过预索引的方式，为用户提供快速、简单、易用的资源及服务。建立一站式数据资源服务平台，在促进大学生心理健康，助力大学生多元化评价，关怀大学生生活，以及指导大学生个性化就业方面发挥重要作用，从而提高大学生管理工作水平。

二、大数据时代大学生管理工作的创新策略

（一）利用大数据促进大学生心理健康

大学生心理健康管理不应仅是补救性的，而应该向以排除正常障碍、帮助学生实现最佳发展为宗旨的发展性模式转变。当代中国正处于社会转型期，由于经济体制、政治体制、文化体制等的变革，必然带来人们价值观念的变革与冲突，并深刻地影响着人们的社会生活。大学生在这样的时代中理性面对人生的挫折并保持健康的心理状态，并非易事。学习压力、就业压力、感情变化、社会环境、家庭环境等诸多因素，都容易导致大学生心态失衡，出现萎靡不振等心理问题。作为包括高校在内的社会各方，尤其是大学生管理工作者，可以利用大数据的优势，实时监测大学生心理情感动态，通过一站式数据资源服务平台，构建健全的心理救助网络，为可能发生的紧急事件提供预案。及时对心理不健康者予以适当的干预和救助，减少由于心理矛盾或心理冲突引发的适应不良，预防和缓解心理问题，从而达到利用大数据促进大学生心理健康的目标。

（二）利用大数据助力多元化评价

在奖学金、优团优干和优秀毕业生等评优活动中，可以借助大数据技术对学生进行多元化评价。大数据时代的到来，让所有社会科学领域都能够借助前沿技术的发展从宏观群体转

向微观个体，使跟踪、记录、处理与分析每一个人的数据成为可能，为学生的多元化评价奠定了基础。通过对学生在校园中的点滴微观行为的捕捉，将学生的上课出勤情况、发言质量、作业完成情况、课堂互动情况、社团活动、课外竞赛参与情况等信息转化为数据，帮助我们了解学生的学习态度、探索精神、实践能力、人际关系、情感与意志等。

大学生多元化评价研究是时代发展对高校教育提出的要求，是高校在新形势下获得持续发展的自身需要。多元化评价要求我们在学生评优时不再依靠有限的智力测验，而是更多地关注学生的内在，借此正确地引导和挖掘学生潜能，改进教学的形式和环节，努力培养学生的多元智能，使学生能够更好地适应现代社会发展对多元化人才的需求，提升高校的办学能力与水平。

（三）利用大数据关怀大学生生活

大数据技术让大学生管理工作部门关怀贫困大学生更加及时、更具人性化。各高校应在构建科学合理的贫困生认定机制的基础上，全面收集贫困生的信息，建立健全贫困生资助信息数据库，并对数据库中的各项信息不断更新完善，以便动态管理贫困生，实现按需资助。通过对学生就餐、日常消费等数据的实时监测及处理，可以帮助贫困生及时获得人性化帮助。在不远的将来，高校利用大数据，借助一站式数据资源平台，深度整合学生相关信息，如饭卡消费、勤工俭学、社会兼职、学习成绩、奖助情况等各类信息，更准确地资助需要帮助的学生。

此外，大数据还能够让我们更加了解学生课外学习的轨迹。利用大数据技术，如采用移动终端记录学生参与社团活动、班级活动、学习活动等情况，通过后台数据库统计一所学校、一个区域的整体情况，获得有价值的数据报告，从而可以有针对性地帮助学校和家长给出建议和对策，指导学生成长。

（四）利用大数据指导学生个性化就业

利用大数据技术，通过收集学生成绩、兴趣、爱好、技能等相关信息，不仅可以为大学生匹配相应的职业岗位、提高大学生就业率，而且还能够提升大学生就业质量，实现高校毕业生更加完善、更高质量的就业。

个性化就业指导贯彻以人为本的原则，针对学生的实际情况、多样化的个性特点，引导其了解自己的职业兴趣、职业发展方向，帮助其制订符合自身特点与期待的职业生涯规划，并提供就业咨询、政策咨询、技术咨询等多方面的服务，帮助学生了解就业前景、就业形势、就业方法与技巧，从而使学生顺利地、高质量地就业。

三、大数据应用在学生管理工作中面临的问题及解决策略

当前大数据应用在大学生管理工作中面临的主要问题包括 4 个方面：偏重经验、轻视数

据的思维惯性，使得我们在数据的收集、使用和管理上不够灵敏；大数据人才缺乏，缺少既精通大数据技术又熟悉大学生管理工作相关事务与流程的专家；高校在大数据技术研发及科研成果推广上没有充分发挥自身作用；敏感信息的保护工作尚未得到高校相关部门的普遍关注。在数据量庞大、种类繁多、信息多样的大数据时代背景下，高校教学服务和数据利用方式将发生显著变化，如何准确把握大数据时代特点、有效发挥大数据优势已成为当务之急。

（一）转变思维，重视大数据体系建设

对于任何机构来说，数据整合都是艰巨的工作，对于高校也是如此。高校需要变革才能将大数据中得出的观点转化为在同类院校中的竞争优势。在这种情况下，高校相关部门的决策者和领导者要有远见卓识，要转变思维，从战略上重视大数据；建议加大对大数据的宣传力度，明确大数据的重点应用对象；加快面向大数据应用技术的研究，推动基于大数据应用的技术研发，培养大数据应用与管理的专业人才，建立并完善大数据保障体系。

（二）培养人才，组建专业化队伍

可以预测，在未来几年，资深大数据人才短缺问题将越来越凸显，大数据正面临全球性的人才荒。大数据人才需要理解大数据技术，能够解读大数据分析的结论，深入了解高校各个部门之间的关联性，并且能够根据大数据得到的结论，制定出可具体执行、管控、评价的相关环节。这些新的挑战与需求，催生高校要系统性培养的大数据专门人才，组建专业化大数据应用与管理队伍。

（三）校企合作，加快大数据技术研发

大数据对基于其生态圈中的企业提出了更多的合作要求。校企合作能够加强优势互补，实现互惠共赢。高校要积极创造条件，充分发挥人才、技术集中的优势，与企业技术人员联合成立研发中心及科研生产联合体等，进行新产品开发、设计及科研成果的推广合作，推动基于大数据的应用技术研发，抢占发展基于大数据的应用技术的先机。通过校企合作，能够促使高校深化教育教学改革，提高人才培养质量，增强学生的就业竞争力，促进高校与合作企业的共同发展。

（四）保护隐私，加强对敏感数据的监管

大量数据的汇集增大了敏感数据暴露的可能性，对数据的无序使用也增加了敏感信息泄露的危险。高校中的大数据来源涵盖非常广阔的范围，例如学生家庭情况、兴趣爱好、社交网络、学习情况、团体活动、行动轨迹等。大量数据的聚集，不可避免地加大了学生隐私泄露的风险。一些敏感数据的所有权和使用权，并没有明确的界定，很多基于大数据的分析都未考虑到其中涉及学生隐私的问题。因此，高校要加强内部管理，规范大数据的使用方法和流程，加强对重点领域数据库的日常监管。

第三节 微时代背景下大学生管理工作创新

一、微时代对大学生管理工作的影响

随着"自媒体社交网络时代"的到来，大学生的学习、生活无时无刻不受以微信、微博、微小说、微电影为传播载体的网络媒介的影响。微媒体的流行，挑战着高校现有的日常管理、教学管理和思想政治教育，这必然要求高校要正视、重视、研究微博等微媒体。应对新形势，大学生管理工作理应与时俱进、因势利导，出台新举措来适应微时代，管理思想上也要紧随潮流，以"被动防御不如主动出击"等新的学生管理思想来带动学生管理工作向"微"方向转变。

微时代冲击着学生管理工作的方方面面，对团学、就业、宿舍管理、心理健康等工作都产生了广泛的影响。

微媒体平台是高校毕业生的重要就业信息源。高校毕业生了解就业信息的传统渠道主要依托双选会或网站发布，如今自媒体社交网络的兴起对职业素质教育、就业信息发布和大学生创业都产生了深刻的影响。通过关注就业创业类微博或公众微信号，阅读、浏览职业素质方面的微话题和论述，大学生的职业生涯规划和择业观都直接或间接受到影响。

微时代改变着大学生的宿舍生活。智能手机系统的发展使许多互联网内容都可以通过App客户端获取。大学生的宿舍生活节奏也因为微媒体的便捷而产生了深刻变化，手机充值、超市购物、一日三餐、人际交流等都可以通过手机客户端来直接实现，大学生足不出"舍"就能正常进行课余的主要生活；通过手机上的微博、微信（朋友圈和公众号平台）和QQ等客户端就能了解班级、院系、学校及社会上发生的新鲜事。

对微时代的不适应会引发大学生的不良心理。部分大学生不能适应微时代，容易被微媒体所带来的爆炸性、新鲜性信息迷惑，而对课堂知识渐渐失去了兴趣，甚至产生厌学心理。有的大学生沉溺于社交网络，导致作息时间不规律，直接影响学生的身心健康，还容易因为宿舍成员的作息时间不一致而引起宿舍矛盾。

二、微时代背景下大学生管理工作存在的不足

面对微时代的影响，高校越来越重视"微工具"的管理和使用，但是如何最大限度地发挥微媒体在大学生管理工作中的正面作用，仍有很大空间值得去探索和实践。

（1）大学生管理层级需进一步扁平化。微媒体的便捷性和及时性，可以帮助高校团干部和辅导员扩大管理范围，减少管理层次，扁平化的组织形式有利于促进教师和普通同学之间的交流和沟通。当前高校的大学生管理层级需进一步向扁平化方向发展。

（2）"微"载体资源需进一步挖掘。传统宣传手段已经不能满足大学生管理工作需要。高校拥有丰富的大学生先进典型案例，可以将社会主义核心价值观融入先进案例中，用学生喜爱的网络语言呈现在微博、微信公众平台、微电影等"微"载体中。

（3）"微"队伍建设需进一步加强。大学生管理工作人员和主要学生干部，需要系统性地学习微博、微信等"微"工具的使用，了解"微"语言，只有当管理队伍具备"微"素质后，才有可能真正发挥微媒体的正面引导作用。

三、微时代背景下大学生管理工作的创新路径

微时代给大学生管理工作带来了挑战和机遇，创新大学生管理工作机制势在必行。在微时代背景下，大学生管理工作的创新路径主要可从以下几个方面着手。

（一）建立一个"微"体系

微时代的广泛影响，导致高校的每个教育管理者和每个大学生都是一个"自媒体"，每个"自媒体"又不是孤立的，而是其社交网络的一部分。按照大学生管理工作内容，在团学工作、心理健康工作等方面，可分别建立以下四级"微"网络体系（主要指微博、微信"学生—班级团支部—二级学院团委—校团委""学生—班级心理委员—心理辅导员—校心理健康中心""学生—班长—就业辅导员—校就业中心""学生—班长—宿舍辅导员—校公寓管理科"）。

这些"微"体系主要有以下三个方面的作用。

1. 有利于"上情下达，下情上传"

学校通过关注班级和学生微博、微信，可以了解和掌握学生动态；学生通过关注学校官方微博、微信，可以第一时间了解学校的各方面工作动态。

2. 有利于学校在第一时间处理突发事件

当学生发生交通事故、兼职纠纷和宿舍矛盾等突发事件时，往往都会"晒"在自媒体平台上，由于自媒体平台的即时性和互动性，学校可在第一时间获知突发事件情况，及时进行处理。

3. 有利于促进师生情感交流

当代大学生有相当部分时间花在自媒体中，师生面对面交流的情况随之锐减，取而代之的往往是微博"互粉"、微信交谈或 QQ 聊天，通过"微"体系，师生之间不仅加强了工作关系，也增进了师生感情。

（二）壮大两支"微"力量

"微"体系的影响力需要人来推动，大学生管理工作的"微"影响需要壮大以下两支"微"力量：教师队伍和学生干部队伍。教师队伍主要包括学校宣传部、学生处、团委工作

人员和辅导员、班主任及授课教师，这些教师要维护好部门或个人的"自媒体"，传递正能量，引导大学生树立正确的人生观、价值观和世界观。学生干部队伍除了学生会、社团联合会等学生组织的学生干部之外，学生管理工作者还应组建一支政治强、作风硬、纪律严的网络宣传队伍，定期研判网络舆情，积极转发、传播学校官方信息，从而扩大网络思想政治教育覆盖面，加强在网络上对大学生的思想引导作用。

（三）打造三种"微"素材

"微"体系的成功运作，需要学生喜闻乐见的"微"素材来丰富和充实。大学生管理工作常用的"微"素材主要有：微电影、微故事和微话题。把发生在校园内的富有正能量的学生典型故事，拍摄成一部部具有感染力和教育意义的微电影，编辑为一个个短小而富有哲理的"微故事"；把体现"爱国、敬业、诚信、友善"这一公民个人层面的社会主义核心价值观的学生案例，编辑成一个个"微话题"，通过"微"体系投放到学校官方微博、微信平台中去，让学生在观看或阅读后产生思想上的共鸣，达到思想政治教育的目的。学生管理工作者要组建一个由学生干部组成的"微"团队，专门从事"微"素材的制作，以满足微时代的发展要求。

综上所述，微时代背景下，大学生管理工作需要在实践中不断总结经验和不足，创新工作方法，切实把"自媒体"有利的一面融入日常工作中去，增进工作实效，把"微工具"变为培养高素质技能型人才的有力助手。

四、微时代下大学生管理工作的创新策略

（一）加强师生之间的信息交流

微时代的各种传播媒介已经成了大学生生活、学习、娱乐中必不可少的工具，很多大学生通过微信和朋友进行交流，通过微信朋友圈发布各种信息，通过微信认识结交新的朋友。学校在对大学生进行管理的时候，可以通过微信、微博等平台，发布各种正能量信息，教师也可以通过微信、微博、QQ等形式和同学建立朋友圈、公共聊天讨论平台，加强教师与学生、学校与学生之间的交流和沟通，建立起良好的信息资源交互模式，发挥微时代各种传播媒介的优势。

（二）实时关注舆论动向

大学生在微信朋友圈、微博平台、论坛上发布的各种信息和言论，往往能够真实客观地反映大学生自身的思想动态和价值取向。因此，学校和教师应该充分利用这些传播媒介，参与并融入大学生的圈子，了解和关注校园的舆论动向，分析大学生的心理状态与思想趋势，针对出现的一系列问题，要适时地进行纠正和引导，预防不良思想的形成，以及恶意势力对

大学生思想的误导与利用，以确保校园的舆论导向能够朝着正确、健康的方向发展。

（三）提升大学生的认知和判断力

高校应当勇于、正确面对微时代对大学生管理工作带来的各种冲击与挑战，从正面教育培养学生的认知能力和判断能力，让学生能够正确有效地通过微时代的各种传播媒介获得有用的信息资源，并能够有意识地对所要接受的多种信息进行科学的筛选，抵制、拒绝各种负面的、不良的信息。同时，还应确保并适当地给予大学生更加实质性的言论自由，强化大学生的辨别意识与社会责任感，促使其积极自主地传播充满"正能量"的信息资源，从而真正发挥微时代下传播媒介的各种优势与作用。

（四）丰富教学内容

在传统的教学模式和授课条件下，教学所使用的课本，其内容往往不能随时进行更新，致使学生知识来源过于单一和狭窄，严重限制了学生思维与视野的开阔。而微时代背景下，多种多样的、大量的、大范围的、前瞻性的信息资源能够及时迅速地传播，所以，学校和教师应当对这些新兴的传播媒介加以利用，从中收集、筛选多样化、多层次的信息，丰富课堂教学及课后学习，激发广大学生对于知识的兴趣，拓宽大学生的眼界与知识面，切实提高大学生的综合素养与能力。

（五）完善监督管理机制

由于微时代各种传播媒介使用的广泛性、自主性和随意性，使得一些低俗的、负面的、消极的不良信息在大学生之间迅速传播，这对大学生的成长造成了非常严重的不良影响，甚至少数大学生还因此走上了犯罪的道路。因此，学校在充分利用微时代的各种优势的同时，更应当加强与完善监督管理机制，从网络基础技术、舆论导向、道德宣传等各个方面对大学生管理工作进行完善，培养大学生的自控能力、是非分辨能力及自我保护意识等，创造一个积极向上、和谐健康的校园学习环境和生活环境。

微时代背景下，各种信息即时传播工具已经成为大学生最善于应用的信息展示和交流平台。因此，如果能够科学、合理、充分地利用微时代下的各种技术，则当下高校对大学生管理工作的方式和手段将会得到巨大的创新，管理效率和管理质量也能随之不断提升。但是，值得注意的是，在看到微时代各种新兴技术的优势与好处的同时，还要清醒地认识到，任何新兴事物的运用都是两面性的，既有利也有弊。所以，在微时代背景下对高校大学生管理工作的改革应当慎之又慎，在此基础上积极发挥敢于创新、勇于探索的创新精神，争取找出一条能够适应时代潮流的健康、可持续发展之路。

第四节　高等教育大众化背景下大学生管理工作创新

一、高等教育大众化的特点

(一) 高等教育大众化是对传统精英教育的扬弃

传统精英教育主张高等教育是精英的特权，而精英是由先天决定的，或是由于天资突出，或是由于家庭的经济状况比较优越，或是由于家庭地位较高，等等。传统的精英教育不仅主张接受高等教育是精英子弟的特权，而且主张高等教育就是为培养精英而设的，是培养教会的牧师、文化巨匠、科学家和国家官员的教育。

1. 传统高等教育所面临的挑战

数百年来，高等教育的职能、结构、内容发生了许多变化，每次变化都与社会的政治、经济变化有关。但是，高等教育从来没有像今天这样受到各方面的挑战。一方面，高等教育面临着科学技术加速发展的挑战。20世纪以来，科学技术的发展是惊人的，而且科学技术转化为生产力的速度也是惊人的。这种惊人的发展速度，要求高等教育不仅教育内容要更新，而且对学生的培养目标、培养方式都要有根本的改变，唯此方能培养出符合时代要求、跟上科技发展步伐的人才。但是高等教育的改革却又是十分迟缓的，当代高等学校的教学与几十年前的状况没有实质性改变。很显然，科学技术发展的速度与高等教育改革的迟缓形成了尖锐的矛盾。另一方面，高等教育面临着社会变革和文化冲突的挑战。科学技术在社会各领域的应用，引起了社会的变革。科学技术的发展，在促进社会生产力提高的同时，也带来了资源的浪费、环境的污染、生态的破坏等一系列社会问题。随着经济和社会的不断发展，改革的不断深化，我国当前正处在社会大转型、大发展、大分化的关键时期，人口与资源矛盾最为激烈，面临经济失调、社会失序、心理失衡、社会伦理需要重构的挑战。可见，我国现阶段既是经济社会发展的黄金机遇期，也是各种矛盾的凸显期。

2. 高等教育大众化是教育发展的规律所致

高等教育不是供人仰望的圣物，而是供人生活使用的有效策略，它的发展过程是从目标到工具的过程，与人类进化的过程正好相反。高等教育大众化，即高等教育从圣坛上走下来，开始服务经济社会、服务人的全面发展。可见，高等教育从圣坛上走下来的过程，是人类自身价值升腾的过程，是从精英培养向培养大众前进的过程。在这个过程中，人类认识到高等教育离不开大众，只有在大众的参与下，高等教育才能变成人类认识世界、改造世界最有效的工具，才能成为人类普遍享受的福利，成为人类精神普遍上升的阶梯。正是在人类这种不断上升动力的驱使下，高等教育才从泛泛的一般化形式变成生动的具体形式，从一个在很大程度上只具有装饰品意义的外在的东西变成人类心灵自我改造和实践的东西，从一个只适合极少数精英的东西变成一个普遍的东西、一个为大众所共享的东西、一个生动具体的适合每一个人的东西，人的个性进而得到展现，潜能得到发挥。

（二）个性张扬是高等教育大众化的显著特点

真正意义上的高等教育大众化，是在物质条件高度发达、高等教育体系高度完善、社会形成以尊重个性为核心的价值观念、个性的发展得到充分张扬的条件下形成的。

1. 多样化是高等教育大众化的必由之路

高等教育大众化是社会发展的必然趋势，而高等教育多样化是实现大众化的必经之路。多样化的必然性在于：①社会需求的多样化。社会上的行业千千万万，对各类人才的规格、层次、要求也是千差万别的，同一模式下的人才不可能满足社会多样化的需求。②人的个性、智力、需求、追求的目标及愿意付出的代价也是不尽相同的，只有多样化的高等教育才能满足更多人的不同学习需求。③国家的财力有限，只有多样化的高等教育、多渠道集资，才能实现高等教育大众化。

2. 个性张扬是高等教育大众化的最高形式

高等教育大众化的基本宗旨是给个性平等发展的机会。与精英教育维护特殊利益的目的相对，大众化高等教育价值观的核心是普遍性，但尊重个性，并把个性的充分实现作为高等教育体系的内在追求。在精英教育时代，个性的价值一直处于被掩蔽的状态，它受到物质条件的限制，被纯知识的、国家利益至上的，以及物质实效的价值掩蔽。高等教育活动的根本目的是使人获得精神自由，其活动的本质是精神的，而非物质的，即追求物质需求的满足是推动高等教育发展的条件，追求精神上的满足才是其根本目的。探索和获取知识是高等教育的重要任务，但这只是人类活动的手段，而非根本目的。高等教育目的的实现需要一种有效的社会制度保障，这种制度是在一种社会普遍承认的价值观引导下进行设计的，而这种价值观又是文化能够存在的关键，高等教育活动的根本目的是使人获得精神自由，个性化的高等教育以学生的最大受益为目标，以适合学生最大的发展为目标，以学生最后成为社会上独立自主的人格为目标，以培养学生的自我发展能力为目标。它打破了高等教育原有的统一格局，理顺学术、行政权力与市场的关系，鼓励学生自主选择，形成学生的个性特征，为学生的发展提供机会。只有物质高度发达，大众才有机会接受高等教育；只有多种知识存在，大众接受高等教育的多样性、个体性才有可能；也只有大众建立起了以尊重个性为核心的价值观念体系，才能把以人为本、人的全面发展作为高等教育活动最高目标的文化价值观。显而易见，高等教育的真正转型就发生在价值观层面上，在崇尚知识的实体价值、大学生的自主性得到充分发挥、市场组织的作用得以充分利用的时候，高等教育才能走向大众、走向个人、走向个性，变成个体的一种生活方式，成为社会的一种基本形式。教育的个性化、个性的张扬，是个性平等主义的理想和个体潜能充分实现的最高理想。

3. 高等教育自身体系的不断完善，为个性张扬提供了舞台

高等教育大众化要求空前地扩展高等教育的规模，设置多样化的高等教育机构，满足各种各样的消费者需求，于是，高等学校的学生多了，学校变得多样化了，学制变得多样化了，课程也变得多样化了，连学生毕业的资格也变得多样化了。高等教育自身体系的不断完善，为个体发现自己的潜能提供了机会，一旦个体可以根据自己的爱好和兴趣选择课程，就可以避免盲目性和强制性，就能够比较快地找到自己的发展潜力所在，然后个体就可以有意识地设计自我，按照一种理想的人格来充实自己和展现自己，并不断完善自己的人格设计，推动自己的人格趋向完善。同时，个体在适应多种知识要求的过程中，了解多种知识的价值，各种知识的价值又为个性潜能的发展提供了参照，也为个性潜能的实现提供了机会。在高等教育大众化时代，高等教育对各种知识具有包容性和开放性，为各种知识的发展提供了场所。各种知识的平行发展，体现了多元的文化价值观，体现了文化消费时代对各种有用知识的需求，也为知识的创新提供了一个更宽松的环境。多种知识的存在，个性的张扬，与知识创新共舞，形成了大众化高等教育升华的大舞台。

（三）高等教育的入口与物质生活状态密切相关

高等教育大众化的过程就是将人类改造自然的内容引进高等教育殿堂的过程，体现了人类对自身力量的认识发展，体现了一个对自身力量从否认到逐步确认的进化过程。高等教育大众化把大批受教育者带进高等教育的殿堂，共享一种价值观，用现代化武装人力和物力，共建美好的人类社会。

1. 科学观念走近大众是高等教育大众化的前驱

人类在不断认识世界、改造世界的过程中，认识到科学以它自身的成就向世人展现了其巨大的威力，这就大大地激发了人们对科学知识的渴求，促进了科学知识的普及和扩展，促进了人们对科学文化的信仰和依赖。在这种信仰和依赖的指引下，人们接受了机器大生产，接受了专业分工，接受了科学管理法则，接受了工厂制度，接受了新的消费模式，形成了新的价值观。整个社会在这种价值观的激发下行动起来，开始走出自给自足、相互独立的社会生活状态，走进彼此分工协作、相互关联的新的生活状态。人们的身份也因此发生了根本性的变化，人们开始由原来单一的角色向多样化的角色转变，对社会生活的新法则开始有了新的期盼和设想。人们不再仅单纯追求物质方面的利益，还追求实现自身的价值。这种追求是人们对个性的追求，对民主的追求，是与科学理念相容的，充分地体现出了人们在享受物质福利的同时，也要体现自身精神价值的追求，而能够调和这二者关系的最佳途径是用个体能力的发挥来呈现自我价值。

在人们已经认识到科学是体现人的力量和价值的根本手段的时候，能力至上就成为社会转型的一条基本原则，而人们要获得科学知识进入科学的圣堂，就必须接受高等教育，高等教育成为科学与个体能力发展之间的桥梁。人们对高等教育功能的认识不断提升，在这座科学的圣殿中不断地吸取营养,科学观念开始不断走近大众,大众对接受高等教育的愿望日益强烈,并开始逐渐走近高等教育。

2. 高等教育社会化与物质文明的发达与否密切相关

随着物质生活的不断丰富,人们对科学观念的认识和接受也开始不断由浅入深,由偏颇到全面。一方面,人们一开始看到的主要是科学力量的物质作用,对科学和个体的作用也主要是从物质层面来考察,还不能从科学对人类生活状态的作用及对个性价值观的作用等角度来考察。另一方面,人们只有在真正成为从事科学活动的主体时,才能真实地体验到科学在精神层面的价值,以及它在发展人的个性中的作用。从科学观念与个体改造世界能力的联系贯通上看,个体要求获得科学知识与技术,都只是把科学当成工具,同时也把自己当成工具,属于个体潜能的开发,无法达到个性发展和完善,这个时候的社会生活状态仍是不发达的物质状态,还没能让人们超越物质层次,更没有达到向精神生活转型的阶段。这既局限了大众对科学更进一步的认识,也局限了他们接受高等教育的能力。

大众接近高等教育,是从物质目标追求开始的,但必须要以精神追求终结。高等教育大众化是为适应社会生产转型而出现的,是人类发展的自我选择,高等教育大众化的物质前提是社会物质生活已相当富足,社会已经为高等教育吸纳大众进入准备了充分的物质条件。可见,大众接受高等教育的途径始终是与物质生活状态密切相关的,只有社会的物质生活水平达到了高度发达状态,进入高等教育的口径才会大大拓宽,高等教育才真正开始进入大众化阶段。

二、高等教育大众化对大学生管理工作的挑战

高等教育大众化并不仅仅意味着高校数量的增长,量积累到一定程度必然会引起质变,并相应带来教育观念的改变和教育方式的创新。以前,高等教育的主要矛盾是量的供应不足,人民群众"上学难"是瓶颈制约。而今,70%的高考录取率使上大学不再是遥不可及的梦想,人民群众的要求逐渐由"上大学"提升为"上好大学",他们对大学的选择性在增加,对优质大学的期待在提高,因此高等教育的主要矛盾势必从量的扩张转向质的提升。作为大学生管理工作者,还应该意识到社会用人体制、环境所面临的根本变化,这一变化也要求高校育人模式作出相应改革。以往精英化的高等教育面向的是计划经济体制,大学生本身数量不多,又统招统配,甚至供不应求;而大众化的高等教育,毕业生数量远远多于精英化阶段,但毕业生面临的却是竞争日趋激烈的市场经济体制,这对学校、学生甚至全社会都是一个严峻考验。传统的大学只是培养少数社会精英,现代大学主要培养大批服务于社会各部门的掌握科学技术和一定专业的人才,这是对高等教育两个不同发展阶段区别的重要阐述,要求我们必须紧扣市场脉搏,转变人才培养观念。力求以质取胜,以特取胜,不断增强学校的办学实力、发展潜力、招生吸引力、育人竞争力,否则就难以生存发展。

在高等教育大众化的背景下,大学生管理工作面临的问题和挑战主要表现在以下几方面。

（一）挑战旧有的人才培养目标

高等教育的大众化走向，打破了精英与平民的界限，将高等教育对象"降格以求"，高等教育在管理模式、招生要求、培养层次、学习年限、毕业资格等诸方面都不同于传统的精英教育。因此，在高等教育大众化条件下，要想有针对性地做好大学生管理工作，必须明确人才教育培养的定位和目标。应该认识到，高校之间存在巨大的差异性，具体表现在办学类型、办学规模、办学层次、办学资源等多个方面。高等院校应根据不同的办学层次，在人才培养目标的定位上加强调查研究，按照最优化的原则确定各自的专业、层次、培养途径，形成风格各异的人才培养模式。大学生管理工作也必须根据培养目标，有的放矢，在不同质量规格人才的培养上选择教育管理重点，提高教育管理的有效性。

（二）挑战旧有的学生管理理念

长期以来，教育、管理和服务被认为是学生工作的主要职能，但学生工作的创新教育职能却往往未被重视。甚至有人把学生工作等同于行政管理工作，认为学生工作就是保一方平安，不出事就完成任务，所以只有敏感时期才显得重要。学生管理工作者"不求有功，但求无过"，创新意识不足、定位不准、重视不够，难以发挥学生工作创新教育的功能。以教学代替教育的观念，导致重教学工作轻学生工作成为普遍现象，而学生工作成效很难量化，导致学生工作的育人功能未被充分认识，往往使人们认为学生工作是可有可无、无专业可言的。学生管理工作人员理念不新、素质不高、数量不够，所从事工作只局限于一般性的教育和管理工作层面上，尚没有认识到自身担负着学生素质教育特别是创新教育的重任，尚未对创新教育给予足够的重视。

（三）挑战大学生管理工作人员的数量

随着几轮扩招，许多高校的辅导员数量离国家的有关规定比例配置有较大距离，大学生管理工作者忙于日常工作，根本没有"充电"的机会，业务水平得不到提高，队伍素质得不到提升，自身对新知识、新科技学习不够，就难以担当学生成才的领路人。由于日常事务繁多，不少大学生管理工作人员陷入繁杂的事务当中，一些人又不注重工作总结与创新，对一些沿用至今的工作方式、工作内容和工作范围很少进行思考和改进，缺乏创新意识和勇气，导致学生工作创新教育形式和载体不多，无法适应创新教育丰富多彩的个性化要求。更严重的是，大学生管理工作人员数量不足，导致对教育对象的漠视，从而难以了解学生的思想动态，无法有针对性地开展工作。由于高校的大幅度扩招，高校的门槛降低了，就生源质量而言，学生个体在知识掌握和能力发展上的客观差异凸显。从生源来看，统招生、单招生、成教生、民办生并存，呈现出多层次、复杂化的格局。此外，从专科生到研究生不同培养层次，以及普通高等教育与高职教育不同的教育类型，客观上都要求对学生的教育管理采取相应措施，因势利导，因材施教，从而增强学生工作的针对性和有效性。与此同时，在学生思想体系形成的过程中，多元价值观和多元文化的碰撞、冲突，又往往使成长中的大学生的思想认知和行为判断产生迷茫甚至危机。少量媒体对各种思想的片面渲染和误导、少数家庭的缺陷、地区差异带来的教育发展不平衡，以及高考制度改革，使大学生群体的社会构成渐趋复杂，素质状况呈现多层次性，凡此种种都需要大学生管理者去了解。

（四）挑战旧有的管理模式

在中国传统的教育体系中，"精英教育""应试教育"一直是主旋律，管理模式以包办为主，这意味着管理行为的直接性和手段方式方法的强制性，主要表现为对学生思想和行为的"硬约束"，对学生的态度是"管你没商量"。学生教育管理的规章制度繁杂细腻，在投入大量的人力、物力和财力的同时，忽视了学生参与管理的积极性，降低了学生自我管理的主动性，使学生难以实现由衷的思想转变和形成良好的自我约束机制。更值得注意的是，这样的管理方式还在一定程度上束缚了大学生的个性，抑制了大学生的思维发展。应该说，大学生工作在长期的实践中积累了丰富的经验，并形成了许多行之有效的途径和方法，如思想教育实施方法中注重说服教育、情感感化、正面灌输、典型示范等。这些传统教育模式主要依靠行政指令性手段，易于操作，有较高的工作效率和教育效果。随着高等教育大众化，原有的办学理念、工作方法亦随之发生了变化，而原有的思想教育方法则易给人以严厉教化、刻板生硬的感觉和印象。其部分内容亦存在着与社会发展要求、与学生思想实际脱节的矛盾，无法满足培养多样化、个性化人才的需要，不能适应学分制的教育管理改革，容易导致理论说教和行为虚化。目前，一般院校逐步推行选课制、学分制、弹性学制，学生对学习时间安排、学习方式，甚至学习课程、授课内容等都具有一定的自主性和选择性。同时，伴随着高校后勤社会化改革的进一步深入，学生的思想、学习、生活等方面出现了众多的新情况、新问题，对大学生管理工作模式提出了新要求。

三、高等教育大众化背景下大学生管理工作的创新

（一）大学生管理专业化

学生管理专业化是创新大学生管理工作的重要途径。随着在校大学生数量的逐步增多，大学生管理工作也正在不断地得到改革和完善，管理正逐步走向专业化。

1. 大学生管理理论发展的专业化

目前我国高校从事大学生管理工作的人员大多是非专业人员，很少有人经过专业的、系统的学习和训练，在管理学、心理学和教育学等方面的理论相对缺乏，有关学生工作的研究也是多经验、少理论，重思辨、轻实证，缺乏专业化的理论体系来支撑。要切实提高大学生管理工作的科学性和有效性，就必须发展专业化的学生管理理论，这要求做到以下几点。

（1）对学科资源进行整合，坚持理论创新。要全面整合心理学、管理学、教育学、成

才学等相关大学生心理发展、人格健全、职业取向、管理资源等理论，逐渐探索出适合我国大学生管理工作的学生发展理论，并在实践中不断完善。

（2）大学生管理工作人员既要关注理论前沿，加强个人理论学习，又要运用理论指导实践，将理论与实践有机结合起来。

（3）吸收一些教育学、管理学专业毕业的人员到大学生管理工作队伍中来，并鼓励在职工作者继续深造，进行系统的学习，提高大学生管理队伍的整体素质。

2. 实现学生网上综合管理，实行科学化管理

目前高校大多建立了办公网站，教务部门也都有专门的管理系统，利用计算机网络来管理日常教学工作。对于大学生管理工作，也应当建立网上综合管理系统，把学生学籍信息、学习成绩、奖惩信息、在校表现鉴定、党团组织关系、学生在校综合表现鉴定等内容纳入同一个系统中，进行统一管理。在信息化时代，高校需要建立这样一个实用的管理系统来统计和分析各种数据，规范和强化学生管理，这将会大大提升高校的管理水平，优化资源，尽可能地降低成本，实现效益最大化。

（二）大学生就业培训职业化

1. 开设职业生涯规划课程

职业生涯规划是对大学生进行人生发展教育的重要指导，其目的是帮助大学生正确认识自我，了解社会，确定个人的职业目标，制定符合自身特点的职业生涯计划，并通过实践、评估和修正，使职业生涯设计和企业发展目标、企业职位设计相匹配，从根本上提高就业竞争力和职业发展能力。符合学生自身特点的职业生涯规划将引导学生有计划地学习专业知识，有选择地学习其他学科相关知识；间接培养学生的创新创业能力，提高学生对就业的信心，提高学生的就业能力，使学生具有创业的意识。高校应当对每一名学生的性格和特长进行客观分析，帮助学生认识自己的优点和不足，给学生提供职业方向的信息和建议。

2. 开展专业化就业指导培训

各高校要定期开展就业指导教师培训，开展高校就业指导人员资格认证工作，努力建设一支相对稳定、高素质、专业化、职业化的就业指导工作队伍。高校应通过开设职业生涯规划课、就业指导课程和面试技巧指导课程，开展心理测试和举办模拟面试等活动，对大学生进行多层次的职业规划教育，开展有针对性的教学，使全体大学生能在毕业前接受系统、专业的就业教育，使大学生一进校就有明确的奋斗目标，有计划地完成学业，既有扎实的理论功底，又有从业的思想准备和实践技能，以充分的准备来应对日趋激烈的就业竞争与挑战。

在就业指导方面，高校首先要运用现代信息技术提升就业服务质量，充分利用计算机网络实现毕业生就业管理与服务的自动化，建立就业信息库，提高信息的准确性和规范性；发挥好毕业生与用人单位之间的纽带作用，创新面试形式，例如采用网上面试等形式，增加就业机会。其次，高校要提供个性化的就业指导。面对就业，很多毕业生只考虑"想从事什么职业""工资是多少"，却很少用"我能干什么"的眼光来审视自己。个性化的就业指导

可以帮助大学生对自己进行客观评估和正确定位，通过职业能力、职业倾向、职业适应性测量，帮助大学生树立正确的择业观，发挥专业优势，借助择业技巧指导实现就业。面临就业选择的毕业生，由于社会阅历浅，在面试过程中往往比较拘谨，甚至手足无措，从而错失良机。适当地对其进行技巧指导，帮助毕业生掌握资料准备、语言交流的方法，以提高其就业能力。

当然，大学生就业问题是国家、社会和学校各个方面通力合作的问题，不是单靠高校就能解决的，高校只能从学校教育角度对大学生进行指导，提高毕业生择业能力，配合国家、社会做好大学毕业生就业工作。

参考文献

[1] 王禄佳，王培培. 高校学生管理工作创新与实践［M］. 长春：吉林出版集团股份有限公司，2023.

[2] 张莉莉. 大学生管理与实践创新研究［M］. 长春：吉林出版集团股份有限公司，2023.

[3] 廖玉婷. 高校教育质量评价与学生工作管理研究［M］. 沈阳：万卷出版有限责任公司，2023.

[4] 翟红. 高校学生管理与创新［M］. 青岛：中国海洋大学出版社，2022.

[5] 崔佳，武运卓. 高校学生管理基础与管理模式创新［M］. 长春：吉林大学出版社，2023.

[6] 吴文静. 高校学生管理与模式创新研究［M］. 北京：北京工业大学出版社，2022.

[7] 王春宝，张永越. 高校学生管理创新理念研究［M］. 北京：中国商务出版社，2022.

[8] 谢学. 高校大学生管理工作与传统文化融入［M］. 北京：北京工业大学出版社，2022.

[9] 甘雪梅，宗宝璟，王佳旭. 高校大学生管理研究［M］. 长春：吉林出版集团股份有限公司，2021.

[10] 刘长海. 教育性学生管理研究［M］. 武汉：华中科技大学出版社，2022.

[11] 杨逍，林怡冰. 高校学生管理工作的行与思［M］. 天津：天津科学技术出版社，2022.

[12] 邢良. 高校德育引导与学生管理创新研究［M］. 北京：北京工业大学出版社，2021.

[13] 沈佳，许晓静. 基于多视角下的高校学生管理工作探究［M］. 北京：现代出版社，2021.

[14] 李晓辉. 高校学生事务管理工作与模式研究［M］. 天津：天津科学技术出版社，2022.

［15］尹冬梅．新时代高校学生社团建设与管理案例集［M］．上海：复旦大学出版社，2022.

［16］陈晓伟，寇鑫，张庆．新时期学生教育与学校管理工作创新研究［M］．长春：吉林文史出版社，2021.

［17］刘苗，赵其勉，杨蓓．大数据时代高校学生教育管理工作的创新研究［M］．长春：吉林出版集团股份有限公司，2022.

［18］祁素萍．高校学生管理工作创新与研究［M］．长春：吉林人民出版社，2021.

［19］石月皎．高校学生管理的法治化建设研究［M］．北京：北京工业大学出版社，2021.

［20］杨潇．高校学生管理工作与法治化研究［M］．北京：北京工业大学出版社，2021.

［21］姚丹，孙洪波．高校教育信息化管理与学生管理工作［M］．北京：中国纺织出版社有限公司，2021.

［22］刘青春．信息时代高校学生管理模式的转变及创新［M］．沈阳：辽宁大学出版社，2021.

［23］万敏，罗先凤，王利梅，等．新时代大学生管理能力培养与提升［M］．长春：吉林大学出版社，2021.

［24］王炳堃．高校大学生管理教育与校园文化建设［M］．长春：吉林出版集团股份有限公司，2020.

［25］崔运强．当代大学生管理理论与实践路径研究［M］．北京：北京工业大学出版社，2021.

［26］赵威．基于应用型人才培养的高校学生管理创新模式研究［M］．长春：吉林出版集团股份有限公司，2021.

［27］刘燧．新时代地方高校学生管理与辅导员工作创新研究［M］．长春：吉林大学出版社，2021.

［28］徐玉婷．新时期学生教育与管理工作研究［M］．北京：北京工业大学出版社，2021.

［29］奉中华，张巍，仲心．大学生教育管理的创新与实践研究［M］．长春：吉林人民出版社，2020.

［30］陆宝萍．高校学生公寓管理及文化建设初探［M］．北京：北京理工大学出版社，2021.

［31］蔡熙文．高校学生管理与实践创新研究［M］．北京：北京工业大学出版社，2020.

［32］杨金辉．校园文化建设和学生管理工作的互动机制［M］．北京：中国原子能出版社，2020.